TU LEUR DIRAS...

MADDLY BAMY

TU LEUR DIRAS...

document

FIXOT

ISBN 2-221-09001-2

Avant-propos

Un jour de novembre de l'année 1971, je rencontrai Jacques Brel. À la seconde où son regard croisa le mien, je sus que plus rien ne serait comme avant. Je n'avais jamais vécu une telle émotion. Il me semblait soudain qu'avant cet instant, tout n'était que platitude molle. Quelque chose de vif, de solide, de tendre, d'impalpable pourtant, venait de pénétrer ma vie. Ce regard avait instantanément gravé sa marque indélébile et me faisait tout voir différemment.

Quand je pense aux circonstances qui m'ont menée devant ce regard-là, je ne peux que saluer l'extraordinaire précision du destin. Mais remontons le temps... Je devais avoir treize ans, j'obtins une très mauvaise note en rédaction pour avoir écrit que je voulais être artiste. Mon professeur de français, passablement vieux jeu, trouvait cela inconvenant, ce n'était pas un métier. Qu'y avait-il d'inconvenant à vouloir chanter, danser, jouer la comédie ? Pourquoi n'était-ce pas un métier ? Venant de mes Antilles natales, je ne comprenais pas...

Quelques années plus tard, mon père décida d'envoyer sa femme et ses cinq enfants en France métropolitaine. Il pensait faciliter ainsi nos études. Hélas, au lycée de Rueil-Malmaison, je ne trouvais que peu d'intérêt à ce que l'on essayait de m'enseigner. Je fis donc l'école buissonnière quelque temps, puis fus découverte pour une histoire de certificat de scolarité. Et je quittai le lycée...

Entre-temps, une ancienne camarade d'école avait parlé de moi à un producteur qui cherchait une jeune fille noire pour un rôle dans un film qu'il préparait. Je me présentai aux Films De La Boétie, rue Jean-Mermoz. J'avais l'air de convenir. Le film ne s'est jamais fait mais le producteur me proposa un travail à mi-temps comme dactylo. Rien à voir, me direz-vous, mais j'avais quitté les études et je voulais travailler. Je n'avais jamais tapé à la machine. « Qu'à cela ne tienne, me dit le producteur, inscrivez-vous au cours Pigier. » Une heure de cours le matin pendant dix jours et me voilà dactylo. Il s'agissait de taper un scénario écrit par Micheline Sandrel et Eddie Naka. Une histoire d'assassinat sous l'eau. Je ne sus jamais si ce film se fit, j'avais pris la fuite. L'assiduité ne me convenait pas, je voulais de la fantaisie. Le destin fut encore au rendez-vous. Flânant dans Paris, je rencontrai une camarade qui m'invita à la suivre sur le tournage d'un film où elle était engagée comme artiste de complément ; entendez par là figurante. Je l'accompagnai sans hésiter. En route pour Saint-Germain-en-Laye, lieu du tournage.

Les vedettes étaient Eddie Constantine, Guy Bedos, Sophie Daumier. Je crois qu'il s'agissait de *Dragées au poivre*. Il faisait beau. Les scènes devaient se tourner en extérieur. Cela se passait dans un parc. Il y avait beaucoup de monde. On avait placé ma camarade sous l'ombrage d'un arbre très à l'écart. J'allai la rejoindre. La caméra était si loin que je n'avais pas le sentiment qu'elle serait concernée par l'action. Rien ne semblait se passer. Nous étions dans l'oisiveté totale. Pas moyen de s'en aller. Le bavardage était notre seule occupation. Parfois on nous priait de nous taire sans que l'on sache pourquoi.

L'assistant annonça la fin du tournage, puis interpella les figurants.

– Vous, vous. Revenez demain, nous désignant toutes les deux.

– Pas moi, dis-je, je ne suis pas de votre équipe.

– Désolé, vous étiez dans le champ.

Je protestai mollement. Le sort en était jeté. Je revins le lendemain et touchai mon premier cachet.

Comme le destin s'occupait de moi, je rencontrai un maître de ballet qui me bombarda soliste de sa compagnie. Dans les dix jours, il partait en tournée. Avec l'accord de ma mère, je suivis la troupe. Nous étions en 1964. Cinq mois après, de retour en France, je butai dans le coscénariste du *Noyé assassiné*, Eddie

Naka. Il avait été comme mis sur mon chemin pour m'informer de l'étape suivante : « Il existe un fichier à l'ORTF. Allez vous y inscrire. Munissez-vous de quelques photos. » Je le remerciai et le quittai sans lui demander des nouvelles de son film. Je ne voulais pas commettre d'impair.

Le lendemain de mon inscription, je recevais un appel téléphonique venant du bureau de Jean-Christophe Averty, qui préparait le tournage TV de *La Case de l'oncle Tom.* Je me rendis au rendez-vous et fus engagée au milieu de la foule de jeunes Noirs dont il avait besoin pour planter son décor. Quelques semaines plus tard, on m'apprit que Jean-Louis Barrault cherchait une Jobarbara pour *Le Soulier de Satin* de Paul Claudel.

Le temps de travailler un texte, je me présentai à Jean-Louis Barrault au Théâtre de l'Odéon. Il m'accueillit vraiment, comme si nous nous connaissions. Je me sentis tout de suite à l'aise. Je le suivis au studio de musique. J'avais choisi de passer la scène de Suzanne dans *Le Mariage de Figaro.* Je poursuivis l'épreuve de passage en chantant « Ban moin on ti bo », chanson créole bien connue. Grand moment... Jean-Louis Barrault fredonnait avec moi en toute simplicité. Il semblait retrouver des souvenirs. Il était d'humeur légère, l'œil pétillant, il me regardait danser et chanter, il marquait le rythme. Il s'amusait beaucoup, trouvait cela charmant. Euphorique, il appela Lucienne Boyer. Elle était à l'affiche dans *La Vie parisienne.* Il lui demanda de venir m'écouter chanter. « Je n'oserai jamais, dis-je, c'est une vraie chanteuse. » Jean-Louis Barrault insista et je m'exécutai. Indulgente, Lucienne Boyer approuva son directeur qui visiblement m'avait déjà engagée. Je fis donc mon entrée dans le spectacle par la grande porte. Entre Jean-Christophe Averty à la télévision et Jean-Louis Barrault au théâtre.

Du *Soulier de Satin* à *Sous le Vent des Iles Baléares*, une adaptation de Jean-Louis Barrault des quatre journées du *Soulier de Satin*, en passant par *Rabelais*, aussi écrit par Jean-Louis, entre saisons au théâtre et tournées aux États-Unis, Québec, Allemagne ou Italie, je restai neuf ans en relation avec la compagnie Barrault-Renaud. De 1965 à 1973. Ce fut une occasion unique pour moi : il y avait toujours plusieurs spectacles en alternance et je pouvais m'asseoir au fond du théâtre pour écouter et regarder les comédiens évoluer. Geneviève Page, Sami Frey, Pierre Bertin, Jean

Desailly, Simone Valère, tous les comédiens de la compagnie et bien entendu Madeleine Renaud, Jean-Louis Barrault et Jean-Pierre Bertin, fils de Madeleine, Henri Virlojeux ou Dominique Paturel. Curieusement, je ne me sentais pas étrangère à ce monde. Je m'y sentais bien. Tous étaient d'une grande gentillesse avec moi. Il est vrai que mon exotisme y était pour beaucoup. J'apportais un parfum de « Vanille », comme m'appelait Pierre Bertin. À cette époque, une jeune fille de couleur était un peu une curiosité, une fantaisie. Je faisais partie d'une famille. Je partageais la loge avec de jeunes talents, Anne Doat, puis Marie-Christine Barrault quand elle reprit le rôle de Doña Prouèze dans *Le Soulier de Satin*. Enfin, j'avais envie d'apprendre ! C'est ce que j'attendais de la vie : une motivation.

C'est à la fin de l'année 1967 que Jacques Rivette eut l'idée d'une Andromaque noire, avec ses suivantes bien sûr, pour son film *L'Amour fou*. Nous étions trois femmes de couleur au milieu d'une bande de jeunes comédiens dont Jean-Pierre Kalfon et Bulle Ogier. Je n'eus jamais de rôle à proprement parler, plutôt de brefs passages, mais qui me maintinrent au travail tout en m'offrant le cadeau de voir jouer de grands comédiens ou acteurs.

Vers la fin des années soixante, Victor Upshaw et Valérie Camille, arrivés des États-Unis, commençaient à se faire connaître. Vic Upshaw surtout. Long, superbement beau, black, comme on dit maintenant, il dansait merveilleusement bien. Comme chorégraphe, on faisait constamment appel à lui. C'était la grande époque des émissions de variétés. Valérie Camille était l'une des chorégraphes de l'émission « Dim Dam Dom ». Paco Rabanne était invité à présenter ses premiers modèles en mica, faits de carrés, de losanges ou de rondelles qui tenaient ensemble par des anneaux métalliques. Comme nous bougions beaucoup, quelques pastilles tombaient. Paco venait ramasser les morceaux et sortait sa pince pour resserrer les anneaux. Il était visiblement inquiet du sort réservé à ses modèles.

Nous étions sans cesse dans les studios. Mais voilà qu'un jour Paul Lederman, l'imprésario de Claude François, qui était aussi celui de mon jeune frère Érick (aujourd'hui conseiller artistique de Johnny Halliday), lui demanda de l'aider à trouver des danseuses pour les spectacles de Claude. Érick lui parla de moi. Le rendez-vous du hasard voulut que j'aille à Marseille avec quelques mannequins pour une première partie de programme, ce même jour où Claude François passait en vedette. Nous devions défiler pour un magasin. Dès ma sortie de scène, Paul Lederman me dit que je pourrais l'aider. Il m'invita à souper après le spectacle pour que Claude me précise ce qu'il souhaitait. Il s'agissait de trouver deux danseuses. Pat et Cindy, les deux premières de la création des Clodettes, restaient. Claude voulait deux Noires/deux Blanches. Il me fallait donc lui trouver deux Blanches. Claude souligna qu'il désirait être bien encadré. C'était là mon problème : trouver de bonnes danseuses de jerk qui soient belles à regarder. Une danseuse classique est en principe trop raide, une danseuse de modern'jazz a mieux à faire. Nous étions tenus par le temps. Je ne trouvai qu'une danseuse blanche. Pour ne pas mettre Claude dans l'embarras, je lui proposai de prendre la place provisoirement. Je montai sur scène. C'était le 5 janvier 1968 à Boulogne-sur-Seine. Après le spectacle, Claude me demanda de rester. Je m'étais amusée à côté de lui, j'acceptai. Très vite, il créa pour moi le rôle de Capitaine des Clodettes. Ces années-là, Claude travaillait énormément, en France et à l'étranger. L'Afrique, l'Espagne, l'Allemagne, l'Italie où d'ailleurs les Clodettes étaient plus appréciées que Claude. Les journaux titraient sur les « ragazza » de Claude François.

C'est sur une plage de Saint-Tropez, pendant le tournage d'une émission avec Claude, qu'Alain Delon me remarqua et me proposa un petit rôle dans *La Piscine* qu'il était en train de tourner avec Romy Schneider, Maurice Ronnet, Jane Birkin. De ce tournage, j'ai le souvenir calme de Romy Schneider. Elle attendait avec une sagesse teintée de discipline le moment où on l'appellerait pour tourner. Un soir, je suis restée près d'elle et j'ai pu échanger quelques mots. Elle était assise sur un petit pouf et avait les mains jointes. La lumière était tamisée et ses yeux au bord de la tristesse en attrapaient quelques reflets. Je la sentais fragile, fragile... Jacques Deray était le réalisateur du film et il allait être plus tard celui de *Borsalino*, produit par Alain Delon.

Le temps était venu de quitter Claude François. Je repris le chemin des studios de l'ORTF où le travail ne manquait pas. Il y avait une activité extraordinaire dans ces studios de la rue des Alouettes. Les ateliers de décoration étaient de vraies ruches. Tous les plateaux accueillaient des dizaines d'artistes qui n'avaient qu'à faire leur métier. Il n'était pas nécessaire d'avoir d'actualité. Il fallait seulement être artiste. Mais déjà d'autres surprises m'attendaient.

En 1967, lors d'un défilé de mode, j'avais demandé que l'on mette de la musique pour danser les modèles. Je trouvais les présentations trop sévères. Je voulais du mouvement, comme dans la vie. Ce me fut accordé. C'était au grand salon du prêt-à-porter. Le stand où nous défilions était très mal placé et nous craignions de n'avoir personne. Fort heureusement les gens se dirigèrent au son et formèrent un attroupement. Les organisateurs étaient ravis. Ce fut le début d'une autre façon de présenter qui allait révolutionner le milieu de la mode. Mais à ce moment-là, je ne le savais pas encore.

C'est environ dix-huit mois plus tard que les choses se précisèrent pour moi. Un mannequin qui avait participé à ce défilé parla de moi au fabricant Gaston Jaunet. C'était un homme d'âge mûr mais jeune d'esprit. Quand je lui exposai mon idée, il n'hésita pas une seconde et me donna carte blanche pour organiser sa prochaine présentation de collection. Je réalisai ma chance. Je créai le show de mode. J'y associai tout de suite mon frère Érick. Il nous fallait des musiques instrumentales modernes, ce qui était assez rare. Quand nous n'en trouvions pas suffisamment, nous les fabriquions à partir des ponts musicaux des chansons. Nous faisions des claquettes du style Fred Astaire. Ce fut l'explosion. Gaston Jaunet augmenta ses ventes de 50 %. Il était euphorique. Il élabora de grands projets. La société put s'offrir un avion. Gaston le mit à notre disposition pour la tournée qu'il avait organisée. L'accueil fait à notre spectacle en Allemagne, au Maroc, au Danemark, en Angleterre, en Belgique, etc., marqua le succès de cette nouvelle façon de vendre. Désormais nous ne présentions plus notre collection au salon professionnel, mais à l'hôtel Hilton Suffren. L'attachée de presse, Florence Aboulker, organisait des soirs de première avec des noms prestigieux. L'idée d'être directement au music-hall vint de là. Pour la première fois, la mode devient spectacle.

Nous sommes à l'Olympia en février 1971, en première partie de Salvatore Adamo. Celui-ci me demande de régler la chorégraphie pour une de ses chansons et nous sommes ainsi intégrés à l'ensemble du spectacle. Bruno Coquatrix est enthousiaste. Nous avons réussi. Ces trois semaines à l'Olympia, dans ce lieu magique, resteront parmi les moments les plus forts. Maritie et Gilbert Carpentier voient le show et me demandent de réaliser une chorégraphie pour leur émission sur le Festival de Cannes.

Danser la mode est une idée qui plaît. Un fourreur de l'avenue George-V suit le mouvement. Le salon masculin se décide à l'adopter et me voilà chez les hommes où l'austérité règne. On innove encore en y ajoutant la projection des détails des vêtements. L'idée est lancée. Il serait trop long de citer tous les noms, de Sydney Poitier à Jean-Pierre Cassel, et vraiment trop long de donner ici toutes les péripéties de mon parcours qui a duré dix ans. Les événements s'étaient précipités, comme pressés d'arriver à leur point de rendez-vous.

Et nous voilà ce soir...

J'avais fait une apparition dans le film de Robert Enrico *Boulevard du rhum*, avec Brigitte Bardot et Lino Ventura. Je dansais, puis je sautais sur l'épaule de Lino et il traversait le cabaret avec l'oiseau que j'étais devenue. C'était tout. Ce petit rien de présence à l'écran allait dans une grande mesure changer ma vie. Pourquoi a-t-on mis tant de persévérance à me trouver pour le film *L'Aventure c'est l'aventure*? Denise Cassotti, secrétaire de production, chargée de me contacter, m'accueille au téléphone avec un « Enfin vous voilà ! ». Elle me fixe le rendez-vous. Je suis devant Claude Pinoteau, premier assistant de Claude Lelouch. Il sera le metteur en scène de cœur que l'on sait. Il me reçoit avec une grande gentillesse. Claude Lelouch m'a vue dans *Boulevard du rhum* et c'est ainsi qu'il a eu mon nom. Il me donne quelques informations à propos du film. Je retiens que cela se passe aux Antilles. J'avais fait le vœu de revenir dans mon île dans le cadre de mon travail. Je suis fortement intéressée. Claude Pinoteau est chargé de faire une présélection. Il estime que je peux plaire au metteur en scène et me conduit jusqu'à son bureau. Claude Lelouch m'avertit qu'il y aura une scène où l'on aura les seins nus. Pudiquement il ajoute : « ... mais vous serez très loin de la caméra. » J'accepte le principe. Je retourne dans le bureau de Claude Pinoteau et m'inquiète de la date du départ. Il semble être imminent. Je suis en pleine répétition pour mon prochain show de mode et ne peut absolument pas me faire remplacer. La date tombe : 17 novembre. C'est la chance. Je termine le 16 à minuit. Je jubile. Pour moi l'affaire est conclue, mon agent s'occupera du contrat.

Après la dernière de mon spectacle, je partis enfin, épuisée mais ravie de cette opportunité de voyage. Paris était déjà bien gris, et le soleil me manquait. Notre destination m'enchantait : Antigua. Capitale Saint-John. Après quelques heures de vol, je posai le pied sur la passerelle de l'avion. La chaleur humide m'enveloppa. La nuit, précoce sous ces latitudes, était tombée. Une lumière blafarde arrosait le tarmac. On ne distinguait pas grand-chose. Une première équipe était arrivée la veille. Au pied de la passerelle, un homme accueillait la deuxième équipe. Sa voix était chaleureuse et bienveillante : c'était Jacques Brel.

Je me souviens très bien de mon état d'esprit. Je m'étais mise dans ma tour d'ivoire, le menton levé. Je ne voulais pas me laisser envahir. Durant tout le vol, j'avais dû supporter la conversation de ma voisine et je m'étais échappée d'elle dès que j'avais pu. Je descendis et m'avançai vers un endroit où je pourrais m'asseoir pour attendre les autres. Quelqu'un donna un nom à un insecte qui voletait. Le nom me revint de l'enfance, je sortis de ma tour, baissai le menton et lui dis : « Ici ce sont des " clindindins ". » J'allai m'asseoir. Jacques Brel vint me rejoindre pour souligner qu'il appréciait mon intervention spontanée. Je ne trouvais rien là de plus naturel, j'étais de ces îles. Puis le silence. Il restait près de moi. Enfin tout le monde fut là, nous pouvions partir. Je me levai. On nous répartit dans les voitures. Jacques Brel conduisait celle que l'on m'avait indiquée. Il s'était proposé comme chauffeur pour rendre service à la production et, en même temps, accueillir la seconde équipe. C'était la moindre des choses, avait-il dit.

Dès le lendemain, je découvrais le décor idyllique dans lequel la production nous avait installés. L'hôtel était sur la plage, la mer était d'un bleu de rêve et le soleil au rendez-vous. Les cinq jeunes femmes que nous étions (quatre pour le moment, la cinquième serait engagée sur place) n'étaient pas prévues dans la première semaine de tournage. Nous avions donc le champ libre. Qu'il aurait été dommage de manquer ça ! L'île était anglaise et il est de tradition de s'habiller le soir pour dîner. C'était très agréable. Les hommes portaient la cravate. Les femmes se faisaient belles. Pas de négligé. La salle de restaurant en plein air, entourée de cocotiers bavardant avec le vent, avait toujours un air de fête. Un orchestre de steel band mettait l'ambiance.

La semaine allait se terminer. Claude Lelouch devait préparer le planning de la suivante. Il demanda à chacune d'entre nous de choisir son partenaire. Nous étions censées séduire les cinq mâles. Je choisis Lino Ventura, parce que je le connaissais. Le lendemain Claude Lelouch me dit que cela ne convenait pas à Lino. On nous avait déjà vus ensemble. Cela me fit rire. Alors il me désigna d'office Jacques Brel. Puis, j'ignore pourquoi, Claude décida de s'en remettre au sort. Il nous donna rendez-vous avant dîner pour le tirage.

Nous sommes assis en cercle autour d'une petite table basse. Chacune de nous écrit son nom sur un bout de papier et le pose dans le chapeau que tient Claude. Ce sont les hommes qui vont tirer au sort. Jacques Brel est assis en face de moi. Son regard bleu tombe dans mes yeux sombres et il me semble que je ne suis plus la même. Je n'ai pas le talent pour décrire cela. Je ne peux le comparer qu'à ces moments particuliers d'expansion de conscience où l'on a accès à une énergie d'Amour. Les vibrations du corps augmentent. Il devient léger. On est comme levé de terre. Cette énergie nous éveille et nous calme en même temps. Tout notre être se fond dans cette ambiance apaisante et vivifiante. Ma rencontre avec Jacques Brel m'a propulsée dans cette sorte d'énergie particulière, chaleureuse, protectrice, bienfaisante. C'était au-delà du physique.

Jacques est le premier à prendre un petit bout de papier. Il ne me quitte pas des yeux. Il ouvre le papier et lit : Maddly. Il me regarde en prononçant mon nom. Ses yeux ne m'ont quittée que la seconde où il a dû prendre connaissance du nom. Le tour de table est bouclé rapidement. Jacques se lève déjà, allongeant son bras vers moi, il dit : « Venez, je vous invite à dîner. »

Ce soir de novembre de l'année 1971, nous sommes installés à une table en bordure de la plage. Je m'assois face à la mer, Jacques à ma gauche. Il parle. Il raconte sa vie. Il se confie. Je l'écoute. Il se livre, se délivre peut-être, comme s'il portait un poids trop lourd, comme s'il espérait une réponse, un soutien. Ou exprime-t-il simplement la dérision de la vie ? Il me parle de choses intimes. Je n'ai pas l'habitude de cela. Je suis plutôt réservée. Il semble désabusé. Je le regarde. J'ai l'impression que nous sommes de vieux amis. Une légère brise rafraîchit la nuit. Connaît-il la liberté du vent, ou la rêve-t-il seulement ?

Nous nous sommes levés de table pour aller nous asseoir près de la piste de danse. Jacques ouvre sa main vers moi, j'y pose la mienne, doucement il l'emprisonne. Nous restons ainsi un moment. Une flamme s'allume en moi. La musique se fait douce et Jacques m'invite à danser.

Je serais restée là mille ans. Ah, la volupté de ce moment-là ! Je ne peux rien en dire, je n'ai pas de mots. Une musique exotique vint nous réveiller. On ne pouvait rester là mille ans. Jacques esquissa quelques pas et puis m'entraîna hors de la piste. Main dans la main, nous ne sentions pas l'envie de nous quitter. Nous étions amoureux...

Cette deuxième semaine nous tournions tous. Les journées m'étaient devenues plus longues. Mon cœur marquait les secondes à grand bruit. Le dîner était encore loin. Un soir, nous allâmes avec Lino Ventura dans un petit restaurant en centre-ville. L'endroit était rustique. De petites bougies éclairaient les tables. Une serveuse nonchalante vint prendre la commande. Langoustes et salade. Lino fut plus aventureux que nous. Nous ne nous souciions pas vraiment de manger, il y avait quelque chose qui nous nourrissait déjà. Lino, assis en face de moi, répandait son extraordinaire sourire. Il fut notre premier témoin. La soirée était magique. Il existait une belle connivence entre les deux hommes. Je les regardais. Ils plaisantaient. Ils riaient. Comme la vie était simple ! Nous sommes rentrés. Jacques conduisait la Land Rover empruntée et chantait à tue-tête « Marie-Madeleine et son jupon de laine... ». Arrivés à l'hôtel, il me dit : « Tant pis pour tout. Venez, venez, venez. »

C'est ce soir-là qu'il a décidé de m'emmener dans sa vie. Il ne savait sûrement pas encore comment il allait s'y prendre. Je savais que je pouvais lui faire confiance et laisser la liberté au vent. L'important n'était pas demain, mais aujourd'hui. Aujourd'hui dure aussi longtemps que l'on vit le présent. Je voulais vivre le présent et je ne voulais pas vivre demain. J'étais sûre que quoi qu'il arrive, nous serions amis. Quelque chose en moi disait cette certitude. Il n'y avait donc rien à faire qu'à laisser faire la vie...

Trois ans plus tard, nous partions en bateau pour un tour du monde. Mais voilà « notre histoire ».

Nous étions sur le bateau pour une de nos journées d'essais, quand Jacques me dit : « Tu écriras notre histoire. » Je n'y ai pas pris garde et je ne me souviens pas lui avoir répondu. Il m'a munie d'une caméra et d'un appareil photo. « Tu seras le reporter. »

J'aimais bien les photos, mais j'oubliais souvent de me saisir de mes appareils à la moindre occasion. Je me remplissais les yeux. Alors j'entendais : « Merci pour la photo ! » Je me précipitais sur mon matériel.

« Je te dirai quand il faudra appuyer. »

Et clic sur les dauphins voltigeant à l'étrave, et clic sur les frégates planant au-dessus du mât, et encore clic sur lui faisant le pitre à la barre.

Il adorait se faire photographier, pour le plaisir du document. Vous savez ! Comme on regarde les photos jaunies d'une époque révolue. L'époque qui vous fait dire : « C'était au temps où... »

Cependant, je n'écrivais toujours pas. Je me tenais pour quitte avec le livre de bord sur lequel il inscrivait le temps, l'heure, la route, le loch, l'allure et quelques observations en marge. Je trouvais que cela faisait déjà beaucoup d'écriture.

Mais c'était compter sans son obstination. Alors je finis par prendre du papier et un crayon et je commençai.

« Non, pas au crayon, me dit-il, ça s'efface. » Allons bon ! Alors un bic. « Non. Pas le mien, j'en ai toujours besoin. » Le fait est qu'il ne vivait pas sans son bic coincé dans le bracelet de sa montre.

N'ayant plus que des feutres de couleur pour mes dessins, je m'en servis. Bleu, jaune, rouge, vert. Ce n'était pas un journal, c'était un arc-en-ciel ! Et il avait quand même réussi à me mettre à la besogne.

Moi dont la qualité première n'était pas l'assiduité, je dus bien changer, quand je m'entendais dire : « As-tu noté ci ? Note ça. Tu as noté qu'il faisait 23° au salon et 20° dans la chambre ? Tu mettras 18/20 au canard à l'orange. Qu'en penses-tu ?... »

Je lui avais dessiné un Don Quichotte ; attendri, il voulut me le prouver davantage en me suggérant quelques thèmes à illustrer : une cathédrale sous voile, sa tête en cheval (il y tenait beaucoup), une jeune femme au lilas...

Mais la maladie se faisant plus hargneuse et la mort plus pressante, il devint plus grave. Ce n'était plus le ton léger du début.

« Tu seras ma mémoire... Si je dis quelque chose qui te semble intéressant, note-le... Tu leur diras... Tu leur diras... »

Quand il disait « Notre histoire », c'était en fait le témoignage d'une certaine façon de vivre, mais qui, jusque-là, n'avait reçu qu'une faible résonance.

Je crois qu'il tenait par-dessus tout à ce que les gens sachent qu'il était heureux. Cela peut paraître puéril mais c'était comme un défi qu'il aurait finalement gagné. Il voulait se dégager de cette image d'homme dont on ne voulait jamais. Il demandait : « Que pensent tes amis de nous deux ? – Je n'en parle pas, avais-je répondu. – Pourquoi, tu as honte de moi ? – Non, enfin, quelle idée ! – Alors parles-en, dis-le. » Pour être sûr que ce soit fait, il me demandait de les lui présenter. Il organisait des dîners ou des déjeuners où il invitait toute ma famille. Nous étions parfois une vingtaine. Jacques agissait comme le chef de famille. Il exposait son bien-être, comme pour dire : « On peut y arriver. »

« L'inaccessible étoile » n'était pas si inaccessible que cela, je veux dire pas si compliquée que cela, mais il était toujours seul à grimper.

Et voilà qu'il était « deux ».

Il n'était pas difficile de vivre avec Jacques Brel, il désirait être accompagné. Il voulait partager les choses. Il aimait épater l'autre et être épaté. Il aimait donc que l'on sache aussi être autonome.

Pour le suivre il fallait simplement vouloir être heureux. Je dis bien *vouloir*, car on s'aperçoit qu'autour de soi et malheureusement devant soi trop souvent, beaucoup de gens sont inaptes au bonheur, comme d'autres sont inaptes en gymnastique : ceux qui n'essaient jamais.

On dit souvent que l'on ne reconnaît son bonheur qu'après, quand il n'est plus. Ce qui semble tout à fait ridicule. Les joies rétrospectives n'ont pas la saveur du présent.

Et Jacques aurait voulu que notre témoignage serve à se reconnaître plus vite. Cela demande un petit peu plus d'attention.

Le bonheur, il faut y croire, et quand on est deux, c'est tout bonnement merveilleux. Mais le bonheur ne vient pas tout seul. On le construit.

« Notre histoire », cela ressemblait beaucoup à l'envie de dire : « Le bonheur existe, il faut aller voir. La vie ne sert à rien mais elle est formidable. » Envie d'entendre des gens se dire : « Allez viens ! » Croire et croire encore à la dernière chance.

C'était encore : « Voilà, j'ai ces rêves-là, j'aborde la vie de cette façon-là, et, ma foi, à regarder vivre les autres, il me semble que je n'ai pas tout à fait tort. Voulez-vous essayer ? »

Ce livre, il voulait qu'il existe pour vous dire cela. Puis, il y a eu la maladie, puis le dernier disque, où il s'est aperçu de tant de supercheries. La mort venant, il savait qu'il n'aurait pas le temps de crier ses chagrins et sa honte pour certains : il m'a demandé de le faire pour lui. Je n'ai pour justifier ce document que cette vérité-là.

Aussi ne lirez-vous pas que des gentillesses, il y a des colères, et surtout il y a des pardons qu'il n'a pas pu donner. On a envie d'aimer tout le monde, mais ce sont les hommes qui donnent des limites à l'amour.

Il ne faudrait pas conclure pour autant qu'il ne commettait aucune erreur. Du moins puis-je affirmer que ce n'était jamais un acte volontaire ; ce n'était jamais une malhonnêteté.

Le désir de ne pas faire de chagrin le rendait maladroit. « Il est impossible de ne pas faire de chagrin, lui disais-je, quand chacun a sa propre façon d'estimer l'événement. On croit se priver pour quelqu'un et celui-ci croit qu'on l'emprisonne. On peut croire le libérer alors qu'il croit qu'on l'abandonne. »

Jacques avait avant tout le souci de l'autre. Il le disait dans ses chansons, mais il l'appliquait aussi dans sa vie, à chaque instant. Quelquefois, le voyant trop épuisé et trop absorbé à vouloir rendre quelque service, je l'invitais à se calmer et il me disait : « Je ne peux pas mourir sans avoir tout donné. Je ne le pourrais pas. Tu comprends cela ? »

Et c'est vrai qu'il vivait ainsi. Parfois, cependant, après un coup dur, il prenait la ferme résolution de ne plus rien voir, rien savoir, rien entendre. Mais voilà un chien boiteux qui passe et il est déjà là.

Il y avait une si belle lumière dans ses yeux quand il arrivait à apporter un tout petit peu de douceur quelque part. Comment pouvait-on ne pas le suivre ?...

Mais allons le rejoindre.

Pour vous mener à lui, il va me falloir remonter les derniers jours, tout près de cette mort qui me tient si fort encore et que je ne parviens pas à diluer dans le temps.

Je me dis quelquefois : « J'en parle sans pleurer. C'est bien. Je vais pouvoir remonter mes souvenirs calmement. » Mais les images défilent, bientôt se brouillent à cause de ces grosses gouttes d'eau salée que je connais trop ; elles viennent jeter des étincelles dans mes yeux, et ne tardent pas à gonfler ma gorge pour déverser leur trop-plein en cascade sur mes joues. Je n'ai pas de mouchoir.

« Prends le mien, dirait-il, je l'entends encore. Ne pleure pas, je ne suis pas encore mort. Tu vas voir, je n'ai pas dit mon dernier mot. On va rire encore. Laisse faire le vieux ! »

J'ai laissé faire le vieux jusqu'au 6 octobre.

La nuit s'annonçait difficile et s'usait à nous mener au lendemain. Je sentais qu'il allait falloir être vigilante. Je luttais contre le sommeil pour pouvoir parer à ses moindres besoins ; l'aider à se lever, à se coucher. Il était assoupi pour le moment. Mais le sommeil a ses lois, et l'on finit toujours par sombrer, sans que l'on sache comment, sans que l'on s'en souvienne. C'est prévenue par je ne sais quelle intuition que je me suis réveillée en sursaut. Je regardai ma montre, j'avais dormi deux minutes. Les deux minutes pendant lesquelles, pour ne pas me déranger, il s'était épuisé à se lever seul. J'ouvris les yeux juste pour l'apercevoir au seuil de la porte, regagnant le lit.

Mon pauvre Amour, quel petit visage tu avais là ! La Mort s'installait, squelettique, pâle, enivrante encore de fatigue...

Il se recoucha livide, creusé par la douleur, affaibli par les difficultés respiratoires, par les antibiotiques qu'il avait fallu prendre pour soulager ce coup de froid du départ.

L'arrivée des journaleux et des photographes, quinze jours plus tôt à la sortie de la clinique, nous avait fait changer nos plans, et au lieu d'être chaudement protégé sous une couverture d'ambulance, il n'avait que mon imperméable sur les épaules. Quelle dérision ! À quoi tiennent les choses ? Avoir tant de possibilités, et se trouver traqué et perclus de froid dans un coin de bureau, claquant des dents, du cœur, du ventre, des os, pour fuir quelques hommes véreux.

Je n'oublierai jamais le désespoir de ses yeux devant le constat de son impuissance nouvelle.

Il commençait déjà à mourir de l'inconvenance de ces gens-là.

Ce 6 octobre, il était 3 heures du matin à Genève, dans cet hôtel où nous descendions toujours, où Jacques est toujours descendu...

« La première fois que je suis descendu là, racontait-il, c'était en 46, avec ma mère. En été 46, nous étions tout là-haut dans une chambre de bonne. »

Ce matin-là, nous étions dans une belle chambre du troisième étage qui donnait sur le lac Léman. La 320.

Nous étions merveilleusement reçus, et Jacques se sentait en sécurité. Jamais nous n'avons été ennuyés. Une discrétion absolue, une tranquillité respectée.

Nous ne pouvons malheureusement pas en dire autant de l'hôtel George-V, où nous avions entendu le portier héler les photographes qui, fatigués de nous épier, relâchaient leur vigilance.

Nous avions réussi à passer la porte de l'hôtel sans nous faire remarquer. Jacques marchait péniblement, appuyé à mon bras. Nous étions déjà tout heureux, nous allions être enfin un peu tranquilles, quand nous entendîmes dans notre dos le portier s'adresser aux photographes : « Alors quoi ? Les voilà, les voilà, faites votre boulot ! »

Que croyait-il faire ce portier ? Croyait-il faire son boulot lui aussi ?...

J'avais envie de lâcher le bras de Jacques et de lui bondir dessus.

Jacques me retint et me calma. Il prononça lentement ces mots : « Sache, la Doudou [1], que tu es chez les Français. » Et j'eus vraiment honte pour ce Français.

Déjà le premier jour, le valet qui était chargé de nous conduire à notre chambre avait vociféré le numéro pour que tout le monde l'entende. « Mais enfin ! » dis-je. Jacques me calma encore : « Tu ne vois pas qu'il le fait exprès ? ! »

Alors bien sûr, passant par l'escalier, ils étaient arrivés à l'étage presque en même temps que nous. J'eus juste le temps de pousser Jacques dans le recoin de l'appartement et je claquai la porte. Ils allaient être dans la chambre.

« Ces gens-là sont à vendre. Ne t'affole pas, il faut que tu le saches. C'est seulement pire que je ne le croyais. »

Nous nous étions sentis pris au piège dès notre arrivée à Roissy.

Jacques avait passé un vol infernal. À aucun moment il n'avait eu de repos. Son corps lui imposait toutes sortes de douleurs. Les médicaments que j'avais en abondance faisaient ce qu'ils pouvaient, c'est-à-dire pas grand-chose.

J'étais horrifiée par ces quintes de toux qui venaient de si loin ; et qui allaient si loin, frôlant la mort.

Avant de descendre, il me questionna :

« Crois-tu qu'ils sont là ?

– Je ne sais pas, mais ce serait étonnant, avec le décalage horaire, ils ont beau jeu. Ceux qui nous ont photographiés au départ de Papeete ont dû communiquer avec Paris, fis-je.

– Si au moins ils me laissaient le temps de souffler un peu », dit-il avec un vague espoir.

Notre espoir n'alla pas bien loin. Au bout du soufflet de dégagement, ils étaient déjà là.

Jacques, rassemblant ce qu'il lui restait d'énergie, me fit la leçon. « Tu ne les vois pas. Ils n'existent pas. Tu ne leur réponds pas. Et nous ne parlerons pas non plus, pour qu'ils ne saisissent pas une de nos paroles. »

---

1. « Doudou » est le mot tendre que nous nous offrions l'un à l'autre.

Nous avons appliqué cette consigne, dans le bruit infernal des clic ! clic ! clac ! clic ! clac ! clic ! clic ! clac ! Monsieur Brel... Clic ! clic ! clac ! Monsieur Brel.

Venant de nos îles Marquises, nous n'avions aucune idée de leur nouvelle façon de procéder. Nous étions scandalisés. Maintenant tout se passait à moto. Jacques était atterré. Ils étaient trois sur une machine. L'un conduisait, le deuxième photographiait et le troisième rechargeait les appareils. Impossible de leur échapper.

C'était épouvantable.

« Je n'ai aucun respect pour ces gens-là, ni pour ceux qui les emploient. Mais où je suis ? » fit-il.

Jacques s'inquiétait de son apparence. « Ça va ? Je ne suis pas trop défait ? Tu tiens le coup ? Va lentement... Comme ça. Merci. » Il voulut tout de même porter un sac. Chaque gramme était pendu à son bras comme autant de kilos.

Dans la salle où nous attendions les bagages, il s'allongea sur la banquette, la tête sur mes genoux, et il essaya tout doucement de reprendre son souffle.

Aucun proche ne nous attendait, Jacques avait été formel. Le haut-commissariat de la Polynésie s'était amicalement occupé de nous obtenir une voiture pour notre arrivée.

« Je veux que nous nous débrouillions seuls. Nous n'avons besoin de personne. Tu comprends bien ce que je dis ? Et tu dis bien à Madou [ma mère] de faire la même chose. Je compte sur toi... »

Quand un délégué de son agent s'annonça au téléphone à peine quelques minutes après notre arrivée à l'hôtel, Jacques, désespéré, hurla : « C'est fichu ! Mais ils ne veulent donc pas me laisser crever tranquille... C'est fichu, c'est fichu, renchérit-il épuisé.

– Qu'est-ce que je lui dis ? fis-je.

– Demande-lui où il est ? Peut-être pourrons-nous gagner du temps. »

Il était en bas, dans le hall. Alors Jacques, comme vaincu, à bout de forces, dit : « Maintenant c'est fichu, on n'aura plus jamais la paix. Ce n'est pas le moment de se battre. » Puis, s'adressant à l'ensemble des gens qui l'importunaient, il dit : « Ils ne se rendent pas compte. Ils ne me laissent même pas arriver. » Et revenant à son agent : « On ne s'en débarrassera jamais. Fais-le monter. » Je me souviens que ce moment-là fut très pénible, parce qu'il était dans la grande difficulté d'appeler un chat un chat. Il ne voulait pas blesser et se blessait lui-même.

Jacques lutta encore une dernière fois pour sa tranquillité.

Avant de commencer la chimiothérapie, il avait décidé de nous offrir des vacances en Suisse, afin de nous reposer un peu tous les deux, seul à seul. Mais ce fut impossible. Son agent ne devinait pas la réticence de Jacques. Il nous accompagna. Quand il partit après deux longs jours, Jacques me dit : « J'ai fait ce que j'ai pu. Quand je serai debout, ça ira mieux. »

Nous pleurions ce temps perdu en visites monotones, abusives et inutiles, car nous voilà déjà à ce matin du 6 octobre. Une quinte de toux, de celles que je redoutais, éclata à grand bruit dans le silence du petit matin. « Excuse-moi, je te fais peur », dit-il entre deux accès. Mais la dernière quinte, longue, pénible et douloureuse, brisa quelque chose à l'intérieur. Je l'ai vu. Je l'ai senti et j'ai su qu'il fallait faire quelque chose. Prendre les rênes. Alors Jacques qui, depuis deux jours déjà, refusait de suivre mon conseil de rentrer à Paris, céda, mais trop vite. Je comprenais qu'il n'en pouvait plus de lutter. Il dit : « Je me confie à toi, ma femme. Je me laisse faire, je ne fais que des bêtises. Je voulais tellement t'offrir des vacances. »

Alors j'ai commencé à préparer les bagages, à essayer de tout faire entrer dans les valises. Et ce gros manteau que Jacques m'avait fait acheter la veille. « Tu comprends, il me faut un manteau, c'est pour cela que je ne sors pas. » Il le voulait avec une ceinture, il avait des goûts très précis. J'avais fini par dénicher ce manteau qui s'approchait de ses envies. Et voilà que ce manteau m'ennuyait ; Jacques ne se promenait toujours pas et je voyais bien qu'il n'était pas décidé à le faire. J'avais essayé comme lui de croire qu'il suffisait d'être chaudement couvert pour pouvoir aller se promener, prendre l'air du lac. Mais au fond, lui comme moi savions bien que nous vivions nos derniers instants ensemble. Cette nuit, j'avais senti la mort et je sus que lui aussi.

Pendant que je faisais tous ces préparatifs, Jacques, couché sur le côté droit, les jambes ramenées en chien de fusil, paisible, me disait : « Tu crois que tu vas tenir le coup ? qu'est-ce que je ferais sans toi ? »

J'affirmai que je tiendrais. J'essayais d'être vive, ça m'évitait de penser.

Enfin l'heure raisonnable pour déranger les gens arriva. C'était bien sûr notre ami Jean Liardon qui s'occupait du vol. Il dirigeait l'école où Jacques avait appris à piloter. Il était l'ami des balades en avion, l'ami des coups durs. Il arrivait toujours à trouver un avion pour venir nous chercher, quel que soit l'endroit où nous nous trouvions.

Le décollage était prévu à 8 heures. À l'approche du départ, on se rendit compte que Jacques avait besoin d'une assistance médicale.

Il put joindre un docteur.

Jacques était tellement pâle qu'à le regarder, il me semblait qu'il avait maigri d'un coup, pendant la nuit.

Chaudement emmitouflé, nous l'installâmes sur la civière que j'avais fait monter dans la chambre. Il était maintenant hors de question qu'il essayât de faire un pas.

L'ambulance attendait dans la cour de service, par prudence, encore et encore. « Il faut toujours que je passe par les poubelles, c'est bien la peine de louer des hôtels de luxe », dit Jacques, essoufflé.

Il faisait un peu froid, ce matin du 6 octobre, et peut-être un peu plus froid que la réalité. Je ne sais !

J'avais le gros sac rouge de Jacques en bandoulière. Il était lourd ce sac. Il ne voulait jamais le quitter. Il y avait tous ses papiers et surtout son petit magnétophone et ses cassettes préférées : Schubert, Mozart...

Ça nous faisait un drôle d'effet de quitter l'hôtel comme cela, un peu comme des pestiférés. Je crois bien que nous pensions tous les trois la même chose.

Le concierge, qui nous connaissait depuis un moment déjà, était venu nous accompagner jusqu'à l'ambulance. Lui aussi était ému et pensait comme Jean, comme moi. Je le voyais dans ses yeux. J'avais du mal à retenir mes larmes et je me dirigeai jusqu'à l'ambulance en faisant des demi-tours incessants, le temps d'arracher sur ma joue une rivière qui coulait.

Mais Jacques, qui ne me quittait pas des yeux, me dit : « Tu ne pleures pas, la Doudou ?

– Non, non », répondis-je trop vite.

On fit au revoir de la main, comme des enfants, en direction du concierge, un peu pour se donner une contenance. Il n'y avait rien à dire.

L'ambulance s'ébranla. Pourvu que la tranquillité suisse joue jusqu'au bout. Nous nous éloignions de l'hôtel, doucement, un peu inquiets tout de même.

Tout était calme à cette heure matinale.

Nous n'étions pas suivis. Jacques semblait soulagé.

Il réclama le masque à oxygène. Je le lui mis, et cela me fit penser à ce qu'il m'avait dit un jour : « Je finirai sous la tente à oxygène, il ne faut pas se leurrer. »

Je le regardais, j'essayais de ne plus penser à rien. Au fond de l'ambulance, ses yeux bleus étaient de belles éclaircies sur cet horizon sombre qui était le nôtre depuis le matin.

Il les ferma doucement. Il était calme. Il avait confiance. Quand il les ouvrait, de temps en temps, c'était pour me le faire comprendre.

Je n'oublierai jamais l'expression de ses yeux au-dessus du masque, devrais-je vivre longtemps, longtemps...

Dès que l'on voyage, on passe des douanes. Il faut des autorisations. Et on attend là, on ne sait quoi, à une barrière.

On attend, on attend plus d'un quart d'heure, ou j'en ai l'impression. C'est long quand on a mal. Et c'est long aussi quand on supporte pour celui qui a mal. On attend encore.

Enfin elle se lève, cette barrière, et l'on passe.

Je ne décrirai pas le moment pénible où il fallut faire monter Jacques dans l'avion. Il les aimait pourtant tellement ces avions. Aujourd'hui, c'était différent.

Le temps fut sublime. On voyait toute la France. Toutes les côtes. C'était magnifique. Je me souviens que Jacques, à ces moments-là, disait : « Regarde, la Doudou, regarde comme c'est beau ! » Aujourd'hui, je n'osais même pas lui faire admirer ces choses qui le touchaient tant. C'était d'une telle impossibilité pour lui. J'étais installée à la tête de son brancard, il me tenait la main. Mais je sentais la sienne sans force.

Nous arrivâmes à l'hôpital franco-musulman. Le problème, encore une fois, était de passer inaperçus.

Puis les docteurs le prirent en charge. Radio, etc.

À leur mine, je vis qu'ils n'étaient pas satisfaits. Tous les bienfaits des rayons étaient anéantis. On repartait de zéro. Ce 19 septembre, je me souviens, les radios étaient claires. Elles faisaient dire à Jacques : « Peut-être qu'on va vivre encore un peu. Peut-être qu'on va pouvoir avoir une maison. Ça te plairait ? Peut-être qu'on ne pourra plus retourner à Hiva-Oa, mais on finira par trouver un coin en France où ils nous laisseront vivre un peu. On en a fait des choses ! Tu te souviens de tout ? Tu ne regrettes pas ? J'aimerais que tu te souviennes de tout. »

Et il se mit à parler, à nous raconter notre rencontre. C'était bien la centième fois qu'on se la racontait. Mais un coup d'Amour, ça peut se raconter mille ans. Puis on glissa sur notre vie à Hiva-Oa : « Comme c'était beau ! Et quand il y avait la lune, là, c'était sublime ! J'adore quand il y a la lune. Et en bateau ? Tu te souviens ? C'étaient les moments les plus beaux, les plus doux, quand on était assis dans le cockpit, avec juste le bruit des vagues à l'étrave. Swarf ! Swarf ! Et toute notre tendresse par-dessus. Got !... Et les étoiles, toutes ces étoiles !... Il faudrait que je reprenne les livres sur les étoiles, j'ai un peu oublié... »

Le moment approchait où nous allions nous quitter. Jacques parlait pour ne pas sombrer. Et moi, je m'étranglais avec les sanglots que je voulais réprimer. Je savais qu'il se demandait comment allait être le grand saut et je n'avais pas de réponse à lui offrir. Aujourd'hui, je lui parlerais de la vie que je sais exister toujours, des liens qui ne peuvent se briser grâce à l'Amour. Qu'il n'aurait plus besoin d'apprendre les étoiles dans les livres, il les vivrait simplement.

« J'aimerais que tu te souviennes de tout. » Oh oui ! je me souviens de tout, malgré les milliers de jours qui me séparent de nos beaux moments. Tout comme il se souvenait avec vivacité de son enfance.

Il disait : « Quand j'étais petit, il y avait un toit plat chez nous. Je grimpais dessus et je me couchais sur le dos, les bras en croix. Je regardais les étoiles, jusqu'à m'étourdir, jusqu'au vertige. Je te l'ai déjà raconté.

– Oui, mais raconte encore.

– Je ne me souviens pas qu'un garçon de mon âge m'ait dit : " Moi aussi je regarde les étoiles. " J'étais tout seul à regarder les étoiles. J'avais gagné un jour à un concours. Et Dieu sait que c'était rare, que je gagne quelque chose ! J'avais droit à un baptême de l'air, puisque c'était le prix du concours. Ma mère m'a emmené jusqu'à Anvers. Je m'en souviendrai toute ma vie. Je fis mon baptême de l'air sur un Junkers 52. Je te l'ai montré.

« Être là-haut, qu'est-ce que j'ai pu aimer ça ! Je me passionnais pour l'aviation. Je me tenais les mains comme ça derrière la tête et je battais des coudes et je faisais le bruit de l'avion : Brrrrrrr...

« Je m'accrochais à des choses jolies, que je croyais jolies, et qui l'étaient sans doute, mais qui étaient inconnues des autres. C'était un peu en marge.

« J'aimais regarder les étoiles, ça n'était pas pour fuir, ça n'était pas pour réagir. Non ! C'était pour être heureux. »

Il regrettait vraiment de n'avoir pas eu une enfance heureuse. Il en parlait comme d'un manque profond et surtout irrémédiable.

Cela commençait ainsi : « Chez moi, ça n'était pas bien rigolo. Toi, tu ris. Tu ne peux pas savoir, comme c'est bon ! C'est un beau cadeau, tu sais ! » Et il enchaînait : « Je ne me souviens pas avoir vu mon père rire. Il ne m'a jamais parlé non plus. Il m'appelait Jasker. Ce qui veut dire " Petit Jacques " en flamand. Et c'était tout. Suivant l'heure, c'était pour me faire aller au lit ; ou me faire lever ; ou bien encore passer à table.

« Mon frère, c'était la fierté de la famille. On le trouvait beau. Moi j'étais le raté, le malchanceux, le maladif. Déjà à dix-sept ans, on ne me donnait que six mois à vivre.

« J'aimais la musique et j'étais tout seul à aimer la musique. Mon père ne voulait pas que j'en fasse. Il disait que cela faisait pédé. Ça ne se disait pas comme ça à l'époque, mais c'était ça. Ça n'était pas compris.

« Tu as entendu mon frère me parler du père ? Il dit ça mon frère : " Le père disait... " Moi, ça ne m'évoque rien. Ça ne me manque pas. On ne s'est jamais parlé. Je ne l'aimais pas. Longtemps j'ai espéré que mon parrain soit mon vrai père. Puis il a bien fallu me rendre à l'évidence.

« Mon frère, maintenant, m'écrit ses histoires de moto, mais on ne s'aimait pas. Je n'ai pas oublié qu'il me cachait mes disques. Un jour, je lui avais demandé de m'acheter deux disques. Il a prétendu me les donner, à la condition que je sache reconnaître les titres sans regarder les pochettes. Il a été tout surpris que j'y parvienne. Tu vois, ça n'était pas bien gentil tout ça.

– Bah ! N'y pense plus, pourquoi aller jusque-là ?

– Excuse-moi ! Mais ce sont des choses qui vous collent comme ça, et il n'est pas toujours facile de les oublier.

« Je trouve que mon enfance n'a pas été rigolote. À douze ans, je les regardais, et je me demandais si réellement ils étaient si cons que ça.

« Je savais que je ne pourrais jamais supporter d'être comme eux.

« Eux, c'étaient ceux que je voyais.

« Maintenant, quand un enfant parle de l'adulte, ce n'est pas son père. L'adulte n'est plus limité, il est multiple. Ça doit être un drame d'ailleurs. Il est multiple par la télévision, le cinéma, les livres. L'adulte, c'est Tarzan. C'est tous ces gens-là.

« Pour moi, " eux ", c'étaient des types en pantalons longs qui étaient autour de moi.

« Et j'ai ressenti, mais fort, qu'il n'allait pas me falloir être comme eux. Et je me suis battu toute ma vie pour ne pas leur ressembler... »

Je me souviens de ces conversations, qui le prenaient souvent quand le mal s'enfonçait un peu plus dans sa chair. Il semblait qu'il voulait faire le bilan de sa vie ; alors il éprouvait le besoin de se confier, de regarder un peu en arrière.

Il aimait à s'asseoir sur la terrasse, un verre de bière plein de mousse posé devant lui.

« Il faut faire mousser la bière pour l'oxygéner, les Français ne savent pas boire la bière. »

Et il me demandait d'aller chercher de grands pichets et faisait passer la bière de l'un à l'autre, tout heureux de me montrer son procédé.

« Goûte, maintenant, disait-il, tu sens la différence ? »

Il n'attendait pas ma réponse, il poursuivait : « Elle est plus légère. »

La conversation sur l'enfance l'entraînait sur la guerre.

« En plus, en mai 40, j'avais onze ans, c'était la guerre, et la guerre pour moi c'est une chose abjecte. Il y a des guerres qu'on ne peut pas éviter bien sûr, parce qu'on ne peut pas laisser un certain nombre d'individus s'imposer. Mais peut-être qu'en faisant un petit effort, on n'arriverait pas à ces guerres-là. »

Plus tard, j'avais commenté ses affirmations disant qu'il y avait des guerres qu'on ne pouvait pas éviter. Cela justifiait toutes les autres, lui avais-je dit. « Il ne faut pas vouloir faire plaisir à ceux qui font la guerre en leur laissant croire qu'ils peuvent avoir raison à un moment donné. On ne peut répondre que par la non-violence. Ce petit effort quotidien dont tu parles ne pourrait pas avoir beaucoup de chance sinon. Il faut refuser la guerre. La paix ne vient pas après la guerre, mais avant.

– Ce serait le rêve bien sûr, avait-il ajouté, mais c'est un rêve. » Nous en sommes restés là.

Je savais que dans le feu de l'action, Jacques pouvait se laisser porter par son propre mouvement. C'était le cas.

Sa belgitude l'a souvent enveloppé de vapeur tantôt douce, tantôt amère. Il dit : « Puis le fait d'être belge est un handicap.

Oh ! pas au début. Au début, on ne sait pas qu'on est belge. On le sait quand on en sort. Tu vas me comprendre. Toi, tu es antillaise et tu ne vivais pas dans ton pays ; il a fallu que tu fasses un certain nombre de choses pour compenser, pour que cela fasse que tu ne déranges personne, pour te faire admettre. Moi, cela a été la même chose. En plus, la difficulté d'être un homme, et pas beau, avec l'accent belge, et en France. Parce que je l'ai su à ce moment-là, que j'avais l'accent. À vingt-trois ans. Et on se moquait de moi. Je parlais comme mon frère. J'avais cet accent-là. »

Et tout de suite, pour plaisanter, il se mettait à parler comme son frère et me faisait tout un numéro digne des plus grands comiques. Jacques avait un pouvoir de clown extraordinaire et sa tête tournait vite. Il glissait d'astuces en astuces, sans laisser le temps de souffler.

« J'ai donc travaillé pour perdre cet accent. J'ai lu énormément. J'ai travaillé fort, je ne dormais presque pas. Je voulais maîtriser la langue.

« Mon père, tu sais, ne parlait pas français. Il bougnoulisait quelques mots de français comme ça, c'était tout.

« Je voulais perdre cet accent. Non pas pour qu'on me prenne pour un Français. Je voulais neutraliser cette chose-là.

« Mais je suis belge. J'aurai toujours l'odeur des moules et des frites que me faisait ma mère. Et je n'y peux rien, et c'est comme ça, et c'est bien.

« Je vis en français, mais mes souvenirs restent flamands. »

L'accent était parti, mais quand il se fâchait, les intonations belges ressortaient au hasard de la colère.

« Et te souviens-tu, lui faisais-je remarquer, sur le bateau tu disais toujours : “ Doodsgevaar, lenvesgevaar. ”

– Sur le bateau, je disais cela, c'est tout à fait vrai. Quand il fallait faire attention, je le ressentais mieux ainsi... On est de quelque part, toujours, c'est sûr. Même si on n'est que par les autres, on n'est que de chez soi.

– Et ce “ pas beau ” que tu as traîné, ils te l'ont dit à ce point-là ?

– Ça, ils me l'ont dit, fit-il, songeur, comme si tous les sons des voix qui le lui avaient répété résonnaient dans sa tête. Ils me l'ont dit et pas qu'une fois... Des paquets de fois... Et en insistant. Ce phénomène de “ pas beau ” venait déjà de mon enfance. Ça commençait à faire long, tu ne trouves pas ? Et comme l’accent, j’ai tenté de faire oublier cela, par le mouvement. Le phénomène de “ pas beau ” est un handicap. Tu vas comprendre. »

Nous étions dans la cuisine et l’explication lui vint ainsi.

« Je vais te donner un exemple : est-ce que tu imagines la vie d’une boîte de petits pois dont on aurait enlevé l’étiquette ? Le boulot qu’elle aura, cette boîte de petits pois, pour faire savoir à quelqu’un qu’elle est une boîte de petits pois ? C’est un boulot monstrueux. Les gens pas beaux se pompent la moelle infiniment plus que les gens qui vont bien physiquement.

« Un type laid ou une femme laide s’use infiniment plus qu’un type beau ou une belle imbécile qui bouge son cul.

« Il faut qu’il fasse un travail monstrueux pour compenser. Tu comprends ? »

Je ne suivais pas son raisonnement sur le beau et le pas beau. « Tout cela est subjectif, dis-je. Moi, je te trouve beau. La beauté vient de ce que l’on est intérieurement. Contrairement à ce que tu crois, il y a des gens esthétiquement beaux, pourrions-nous dire, qui ne sont pas du tout sûrs d’eux et qui ont des complexes. Il y a des femmes laides qui se voient très belles. C’est en général les plus mal foutues qui portent des minijupes. Je l’ai toujours constaté. La belle imbécile qui bouge son cul, au moins, n’a pas de complexe et c’est peut-être mieux ainsi. Je crois que toi comme Gainsbourg, vous avez mal de l’avoir trop entendu. » Il reprit songeur : « Ça, ils me l’ont dit. »

Jacques, assurément, aimait beaucoup se raconter. Il était toujours en train de jouer des comédies ou des drames dans sa tête. Une fois qu’il avait bien ri, car je le surprenais se faisant rire aux larmes, il ne tardait pas à faire partager son rire, et en fin d’histoire, lançait toujours : « Ça t’amuse ? »

« Ça t’amuse » n’avait pas le sens d’amusant, cela voulait dire : « Est-ce que cela t’évoque quelque chose ? Gai, triste ou émouvant... » Il avait tout un vocabulaire auquel il avait donné un sens tout à fait personnel.

Quand il commençait à parler ainsi, je me hasardais à poser quelques questions. Ce qui était rare, car il faisait le tour du sujet... Et puis, j’aimais bien le laisser aller.

« Si j'ai quitté la Belgique, c'est qu'il me manquait quelque chose. Je n'étais pas tout à fait bien, sinon je serais resté et je n'aurais probablement pas écrit des chansons. Ça me semble évident. Je suis parti pour tenter de combler ce manque. Je n'ai pas voulu accepter mon sort comme ça.

« Mon père, quand j'avais douze ans, m'a emmené à l'usine, dans son bureau. Il m'a fait asseoir en face de lui et m'a dit : " Voilà, c'est là que tu finiras ta vie. " C'était sinistre. »

« Plus tard, je ne voulais pas faire d'ulcère à l'estomac et rester là, à attendre que cela se passe, avec des bouillottes sur le ventre. Ce n'est pas la solution ; alors je suis parti. Je suis allé voir ailleurs si ce n'était pas un tout petit peu plus gentil, plus souriant. Un peu plus intelligent surtout. Je vivais dans un climat de bêtise très peu supportable. Et si on ne veut pas se faire envahir, il faut bouger. C'est dans le mouvement qu'on a une chance de s'accomplir un tant soit peu.

« L'immobilité tue. Les hommes immobiles sont déjà morts. Ils ne le savent pas, mais ils le sont. »

« Quand je te dis que je n'aime pas mon enfance, c'est qu'elle ne m'a rien apporté. Il est vraisemblable que si elle avait été plus heureuse, je n'aurais pas écrit un certain nombre de choses par la suite. Je me suis mis à bouger, parce que longtemps j'ai attendu des choses qui ne sont jamais venues. Voyant qu'on ne me les offrait pas, je suis allé les chercher. Mon Far West, je me le fais tous les jours. Et on s'aperçoit qu'il est beaucoup plus passionnant de faire les choses que de les attendre. Et quand on fait, même si ça n'est pas toujours réussi, c'est infiniment plus intéressant que de rester dans son fauteuil et de commenter. Voilà, c'est ce que je veux dire. Ma vie, je veux qu'elle soit jolie et je me la fais jolie. Et je bouge et je fais. Je veux être conscient et concerné et responsable. N'est-ce pas ? »

« Moi, je n'ai que mal aux autres, je sais que c'est idiot. » Cette phrase revenait très souvent dans nos conversations.

C'est vrai qu'il lui était tout à fait impossible d'ignorer la douleur des autres. Combien de fois l'ai-je vu se mêler de choses qui, à première vue, ne le concernaient pas du tout. Enfin, on le supposait. Mais c'était une erreur. Lui se sentait concerné. Et il n'abandonnait jamais, il allait jusqu'au bout. Et il m'expliquait :

« Quand tu veux faire du pain, la Doudou... Sur le bateau, il te fallait faire du pain, donc tu as appris à faire le pain et tu as donc eu moins de douleur à faire ton pain, puisque tu savais, n'est-ce pas ? Moi, j'ai voulu apprendre à faire les sauces, à faire la cuisine, et tu me vois encore ici, la nuit, à la lueur de ma lampe à pétrole, compulser mes livres, chercher, apprendre enfin ! J'ai donc, moi aussi, moins de douleur à faire la cuisine, puisque je sais. N'est-ce pas ?

« Tandis qu'avoir mal aux autres, c'est quand on est spectateur des choses... Quand je vois qu'ils ne savent pas. Je me dis qu'ils ne peuvent avoir que mal. Quand quelqu'un a mal, moralement, j'entends, il se plaint que cela ne va pas, que sa femme ceci, ou que son mari cela. Et quand je demande : " Combien d'heures par jour t'occupes-tu de ton bonheur ? ", tu l'as vu comme moi, les gens rient. Ça se passait au terrain d'aviation, il n'y a pas si longtemps. Il a ri, il a cru que je me foutais de sa gueule. Ils rient tous. Alors je ne peux avoir que mal. Il ne va pas bien, et il ne sait pas de quoi est fait son mal. Je me dis : " Qu'est-ce que je peux faire pour lui ? " et l'acte d'écrire consiste pour moi à tenter de dire pourquoi ils ne vont pas bien. Quand je dis : " Je " dans mes chansons, ça n'est pas moi, Brel. Moi, je vais bien. C'est un miroir que j'offre. C'est un, deux, trois, dix types. Et peut-être qu'à force cela devient quand même un peu moi, parce qu'avec le temps le miroir n'est plus vierge, n'est-ce pas ? c'est évident... Il n'y a qu'à vingt ou vint-cinq ans où le miroir est vierge. Après il prend des rides, il prend mes rides... »

« On dit souvent, enfin je l'ai souvent entendu dire : " Brel se prend pour Don Quichotte. " On s'est beaucoup moqué de moi avec ça. Et à l'époque de " La Mancha ", il y avait eu un critique qui n'avait pas du tout été tendre ; je ne lui ai pas dit qu'il était, lui, tout à fait insuffisant. C'est vrai que j'ai peut-être un petit côté Don Quichotte, mais tout petit petit. Vraiment minuscule.

« Ce que j'aime chez Don Quichotte, c'est son rêve d'abord. Ce rêve n'est jamais sale, il n'est jamais veule, il n'est jamais intéressé. Il est toujours un peu noble. J'aime bien cette espèce de mépris d'être humilié... Parce que si c'est pour une idée qui en vaut le coup, tu comprends ? Ça n'est pas aux yeux des autres, c'est à ses propres yeux...

« Alors du moment que c'est pour quelque chose de noble !... Dulcinée est une servante, c'est un laideron, mais à force de lui dire qu'elle est belle, il est certain qu'elle finira par le croire, et lui aussi. Donc ça n'est pas ridicule...

« C'est Pygmalion qu'on écrit quelques siècles après et on trouve cela génial. C'est la même chose ! Tandis que l'un est une imposition, l'autre offre simplement un miroir.

« Don Quichotte a donné des miroirs à des gens. Il a donné un peu de noblesse, comme ça, au passage.

« Je ne veux pas me prendre pour Don Quichotte, je trouve qu'il est bien, Don Quichotte, et il est dommage qu'on ne le lise plus assez. Et moi je ne serais pas humilié si je pouvais donner un peu de bonheur. Don Quichotte ne peut pas être humilié, il ne voit pas cela. Il voit tellement l'étoile... Ça me paraît normal.

« Un chien qui meurt de faim, mange... Tu pourras tout lui dire. Il faut qu'il mange. Il ne sera pas humilié parce qu'il doit manger.

« Don Quichotte doit donner, il ne sera pas humilié parce qu'il donne. Moi, je ne veux pas mourir sans avoir tout donné.

« J'essaie d'être l'aspirine. Ça a l'air un peu prétentieux de dire ça. Mais c'est ça. C'est tout à fait ça. Et si on peut servir à soulager un jour quelque part, ne serait-ce qu'une personne, ça vaut la peine d'essayer, d'être cette aspirine.

« Des cons m'ont appelé l'abbé Brel. Ça n'a pas de sens. Donner, l'amour enfin, ça n'est pas que chrétien. Il y a des théories de Darwin, que je peux mal développer... Enfin, il semble que quand même, l'affectivité des animaux soit à la base du développement des races. Il y a l'instinct sexuel, c'est sûr ! Il est certain que les animaux étaient isolés complètement, et tout d'un coup, deux chevaux ont eu à peu près le même caractère, et ça a commencé à faire la bande... Et ça a commencé à faire le troupeau. Ça existe depuis toujours et pas que chez les hommes. Et on ne peut pas dire que les chevaux soient spécialement chrétiens. Tandis qu'il y a des affinités partout, dans tout élément, même dans la nature ; peut-être pas chez les minéraux, mais chez les animaux. Il y a une protection de certaines choses par d'autres. C'est de la tendresse, c'est de l'amour, c'est de l'intelligence, je n'en sais rien. Je ne peux pas bien dire. Je ne suis qu'un petit chanteur de variétés. Mais il y a partout quelque chose que je ne saisis pas bien... J'ai vu partout des actes d'amour dans tous les domaines, n'est-ce pas ?... Ce n'est pas parce que l'on a pêché un certain nombre de poissons dans le même lac qu'ils sont tous convertis, tout de même ! Je veux dire... qu'il y a de l'amour partout. Alors chacun fait sa mayonnaise avec sa part d'amour. Moi je crois qu'il y a partout des choses qui rayonnent et des choses qui sont là pour ne pas rayonner, des choses qui sont là pour grappiller. »

« Don Quichotte, c'est une vue de l'esprit. C'est une vue littéraire, c'est une réaction.

« Si l'on voit bien Cervantès à l'époque, on s'aperçoit qu'il ne s'agit pas d'une réaction poétique, mais politique. C'est une réaction contre l'Inquisition.

« Il est dit qu'il y avait, sans doute, des sectes secrètes. Il devait appartenir à l'une d'elles. Maçonnique ou autre, je ne sais.

« Il y avait, je dis bien, une réaction. C'est un acte volontaire. Il a donc poussé un caractère à son paroxysme. Tandis que les hommes existent, c'est indiscutable.

« Cervantès existait, mais pas Don Quichotte.

« C'est pour cela que je suis plus touché par le manque de réussite que Don Quichotte. Tu comprends ? Pour répondre à ta remarque sur le trop de chagrin qui me vient des autres.

« On ne peut pas recevoir des coups sans accuser la douleur.

« C'est vraiment dommage qu'on ne lise plus Don Quichotte. Je trouve qu'il y a une liaison formidable entre Don Quichotte et les personnages de Saint-Exupéry. »

Ce qui me fit dire, à mon tour, que je voyais un lien entre Saint-Exupéry et Jacques. Il m'avait fait lire *Terre des Hommes* et je trouvais que leur démarche se rapprochait : poète, pilote, humaniste. Je le lui dis et il me répondit :

« Oui, j'aime cette façon de regarder les hommes. Je ne dis pas que j'ai raison. Mais j'aime vivre ainsi. Je suis épuisé d'avoir aimé les hommes, mais, pour moi, il n'y a pas d'autre manière de vivre.

« Je vais mourir, mais j'ai dix-huit ans. Je ne suis pas tout à fait comme les autres. Je ne réponds pas aux mêmes questions.

« Ce n'est pas toujours facile de les aimer. On ne leur dit pas qu'ils sont médiocres. Ils ne savent pas que c'est par gentillesse, ils croient tout de suite que c'est de la faiblesse.

« Mais si on peut modifier quelqu'un, ne serait-ce qu'une minute, je veux dire l'amener à réfléchir, eh bien cela vaut la peine de vivre. Mais tout à fait gentiment, en souriant. Je ne me prends pas au sérieux du tout. »

Jacques avait prévu une grande bibliothèque sur le bateau. Il avait acheté d'un bloc tous les livres de la grande liste qu'il avait préparée, dont certains spécialement dans l'intention de me les faire lire. Il disait de temps à autre : « Tiens, lis ça. » Puis nous en parlions.

« Je trouve que la vie est ridicule, les trois quarts des choses que l'on fait sont ridicules... Il est évident que la vie ne sert à rien. On le sait, alors autant que ce soit joli, autant que ce soit intelligent. Et le ridicule est toujours sérieux, il n'est jamais un rire. Je ne connais pas un rire qui soit ridicule... Le ridicule est dans la gravité de l'imbécile qui se promène. Tous les ridicules ont souvent besoin d'un signe ou d'un uniforme ou de choses comme ça.

« Je n'aime pas cela. J'ai la hantise de ce ridicule-là. Je trouve que ce sont des tue-bonheur, comme il y a des tue-mouches.

« C'est le contraire de la liberté, le ridicule, n'est-ce pas ? Je ne parle pas du risque d'être ridicule, je veux dire de l'excès. Je veux dire, il est certain que sur un champ de bataille, un homme seul peut parfois remplacer cinq mille hommes. Faut-il qu'il soit porté, qu'il se porte cet homme, n'est-ce pas ? L'élan, s'il est porté, est victorieux.

« Là, on arrive à des problèmes de foi, on arrive à des problèmes de " il a mal aux autres ". Là, c'est un problème de corps, c'est un problème de vie. Et quelqu'un qui porte la chose en soi est toujours un million de fois moins ridicule que le type assis, qui écoute et qui commente. L'important, c'est que ce ne soit pas ridicule à ses yeux. Il faut se coucher victorieux.

« Moi, je dois paraître ridicule aux yeux d'un certain nombre de gens. Mais l'important, c'est que ne soit pas ridicule à mes yeux...

« La vie est faite d'un certain nombre de difficultés et de récompenses. Et on vit un temps où la récompense est syndiquée. Et il n'y a plus d'hommes qui se défoncent le cul. La récompense existera de toute façon. Il y a donc une absence de risques. Il y a donc une absence de panache, il y a donc l'ennui.

« Un exemple : tu prends un voilier et tu dis il va couler. Prudente, tu scies les mâts. Ce n'est pas un voilier qui coule, c'est une péniche. Tandis que si tu le fais couler avec ses voiles... Putain ! C'est un voilier qui coule. Tu comprends ? Il y a cette espèce de prudence, qui est partout. C'est le contraire de la vie. On ne fait pas l'amour en reculant. Il faut avancer un peu quoi !

« On va encore se foutre de moi. Mais, c'est vrai. La Postale... Le courrier, qui en fait intéressait fort peu de gens, c'est la quête. Ces hommes finissaient par se vomir dans le désert. Tout ça, c'est un idéal formidable, mais dérisoire.

« Porter vingt-deux lettres à Cap Juby en avion dans un Bréguet 14, ce n'est pas loin d'attaquer les moulins à vent. Et des hommes se sont dépassés pour faire ça. Là je trouve qu'il y a un lien. On retrouve Don Quichotte tout le temps, dans d'autres exemples. Et, me semble-t-il, la jeunesse s'emmerde quand il n'y a pas quelqu'un qui lui ressemble un peu... Le goût du dépassement... Là, on va me parler de mon côté boy-scout. Ça m'est bien égal.

« Ces hommes bougeaient, ils faisaient des choses. Ils avaient du courage, de la volonté. Ils risquaient. Ils étaient tout, sauf prudents. Et j'aime ça.

« Je suis passionné par ce que font les hommes. Il y a ceux de la Franco-Roumaine dont on parle peu. Ils faisaient des liaisons dès 1919-1921 par Strasbourg-Istanbul-Ankara avec des avions tout à fait impossibles. Et pourquoi ? Parce qu'ils avaient envie de voler, parce qu'ils conjuraient le sort. Parce qu'ils violaient les lois qui ont fait que les hommes sont devenus bêtes. Si on avait inventé les avions, il y a un siècle, on n'aurait plus jamais brûlé une sorcière. C'est évident. Voilà à quoi servent les inventions. Ce n'est pas tellement à voler. On ne peut pas à la fois brûler quelqu'un dans un champ parce qu'il est soi-disant habité par le diable, et voir un avion passer au-dessus...

« Il faut que le monde progresse. Pas pour que les premiers soient encore plus les premiers, mais pour qu'il n'y ait plus de derniers.

« Et ces hommes-là étaient heureux du bonheur qu'ils pouvaient apporter aux autres.

« Si tu veux bien comprendre cela, tu fais de moi l'homme le plus heureux au monde. J'ai l'impression de servir un peu à quelque chose... Tu vois, je suis malade et je vais mourir mais je me dis que j'ai eu une belle vie...

« Si je remonte les quinze ou vingt dernières années de ma vie, je peux dire tout bêtement que je ne suis pas mécontent. Je peux mourir. Tu comprends comment je le dis ? N'est-ce pas ? Elle aura été intéressante pour le moins...

« L'enfance, quand elle n'est pas heureuse, est tout à fait idiote. J'ai commencé à être heureux à partir du moment où j'ai chanté. Voilà où commence le positif de ma vie et le négatif est tout le temps où j'ai attendu. »

L'enfance, il l'aurait voulue ainsi, il en parlait comme ça :

« L'enfance, ça donne de l'amour aux pommes, ça effleure la mélancolie, ça jalonne d'oiseaux camés, ça donne un prénom à la pluie. Ça fait la quête aux étoiles, ça défile au son du tambour, ça va rechercher le Saint-Graal et ça redécouvre l'amour.

« Pourquoi voulez-vous en sortir, l'enfance n'est pas une insulte et n'est-ce pas un peu mourir que la quitter pour être adulte ? L'enfance, il semble bien qu'elle se balance, bien au-delà de mes moyens, bien au-delà d'un court instant, bien au-delà et bien plus loin... »

Il nous arrivait de discuter comme cela très souvent. Jacques allait me dénicher sa vie, ses impressions, et moi je pouvais l'écouter des heures. J'avais envie de l'apprendre.

Jacques était un lutteur obstiné. Que de démarches pour arriver à avoir un avion en Polynésie, et surtout pour obtenir les licences nécessaires afin de pouvoir voler en territoire français, lui le Belge.

D'abord, la visite médicale nous donna des sueurs froides.

Jacques passa sa visite un matin de novembre à Papeete. Il y avait à peine six mois qu'il avait effectué sa dernière visite de contrôle. Le spiromètre indiquait alors trois litres six. Ce matin-là, déjà chaud à sept heures, il se présenta pour faire contrôler sa capacité respiratoire. Il fit un gros effort pour vider ses poumons. Il savait l'importance de cet examen. Moi j'attendais de l'autre côté de la cloison dans le bureau du docteur. J'entendais :

« Mais souffle plus fort !

Et Jacques répondait :

– Mais je souffle fort.

– Essaie encore ! »

Ils sortirent de la cabine de soins, et le médecin dit :

« Je ne peux pas te donner ton papier, Jacques. Je vais faire une demande de dérogation à Paris. Ils te l'accorderont sûrement, mais moi, je ne peux pas te le donner. »

Les rêves de Jacques s'écroulaient. En sortant il me dit :

« Ce n'est pas tant de ne pas pouvoir voler, cela veut dire qu'à ce train-là, je suis mort dans six mois. J'avais une capacité de trois litres six il y a six mois et aujourd'hui, deux litres huit. »

Et nous voilà encore seuls dans la rue, portant notre mauvaise nouvelle. On a beau dire, mais on ne s'habitue jamais.

Jacques me dit : « Ne fais pas cette tête-là, nous sommes des bohémiens. Changer de métier ne nous fait pas peur. »

Et on s'éloigna de la clinique.

Le lendemain, le docteur nous appelait pour nous dire que toute l'équipe de football de Papeete venait de souffler dans le spiromètre qui indiquait pour tous deux litres huit.

Cette épreuve supplémentaire avait fatigué Jacques.

« Comment peut-on jouer ainsi avec la vie des gens ? » dit-il atterré.

La paperasserie des équivalences de licences battait son plein. Il en est sorti en fin de compte qu'on voulait bien lui faire la grâce de lui donner la possibilité de piloter un avion monomoteur, de moins de deux cent cinquante chevaux, en VFR bien sûr. Ce qui lui donnait, par équivalence, le droit de faire le tour du pâté de maisons, en vélo.

Jacques devint furieux. « Je les aurai, dit-il, s'ils croient me décourager, ils ne connaissent pas le vieux Brel. »

Effectivement, ils ne le connaissaient pas. Car Jacques, jour après jour, avec une ténacité de Bélier qu'il était, ne céda point. Acharné, il finit par obtenir la possibilité de joindre ses îles par ses propres moyens. C'est-à-dire en bimoteur de plus de deux cent cinquante chevaux.

Quant à l'avion !... Essayez d'acheter un avion en Polynésie ! D'abord, on lui dit que c'était trop compliqué. Il fallait tant de papiers que cela allait mettre des mois... Ça n'en valait pas la peine. Jacques ne fut pas intimidé. Il s'obstina et trouva un avion sur le territoire qui, d'après le dossier, avait tous les certificats nécessaires pour voler. Il était même classé avion de transport T.P.P. 2, ce qui engageait la confiance de Jacques.

« Si cet avion est destiné à transporter des passagers, c'est qu'il est volable. »

Le jour vint où il devait l'essayer. Le vendeur le fit monter en place gauche et se mit à droite, moi je me mis derrière. Jacques décolla l'avion et prit sa pente de montée. Le vendeur enjamba le siège et vint me rejoindre à l'arrière. Je fus surprise et je vis bien que Jacques n'appréciait pas du tout ce procédé. « L'horizon est toujours comme ça, questionna-t-il ?

– Oui, oui, fit le vendeur, il faut s'habituer.

– Ah ! bon, fit Jacques. »

Effectivement, je regardai le cadran en question, qui est composé d'un horizon et d'une maquette d'avion. Les différentes positions de cette maquette par rapport à l'horizon vous indiquent les mouvements de votre appareil.

Il faut donc que cet horizon soit bien au milieu du cadran, pour que vous ayez une reproduction claire de vos manœuvres.

Dans notre cas, l'horizon était fiché tout en haut dudit cadran et on apercevait à peine la maquette.

Dans un vol sans visibilité, on n'a pas le temps de s'habituer à ces défaillances-là.

Quand Jacques mit pied à terre, deux minutes après seulement, il avait enregistré onze pannes. Mais ce n'était pas pour le décourager. « Cet avion est fait pour voler, il volera. »

De réparations en réparations, la liste devenait importante. Enfin, le jour où il devait obtenir le certificat de navigabilité arriva.

Quand on lui annonça que ce n'était pas possible, il n'en revint pas. Il venait de faire une visite de cent heures. Alors quoi ?...

Il demanda une G.V. (grande visite), l'Administration hésita encore. Mais le vieux Brel avait bien trop de patience. Et le voilà, au début de cette année 1977, aux commandes de son Tween Bonanza, reliant Tahiti aux Marquises.

C'était une victoire sur la maladie, l'Administration et la distance.

Il devenait urgent que j'apprenne à piloter. Inscrite à l'aéro-club de Papeete, je pris quelques cours, puis complétai ma formation en Suisse afin de pouvoir poser l'avion en cas de défaillance du pilote. Je devins donc copilote de Jacques. Je n'avais pas de diplôme officiel. J'avais celui de Jacques.

Maintenant qu'il avait gagné le droit au ciel polynésien, il fallait faire autre chose !

En quittant la France, Jacques ne pensait pas rester sans travailler. Il avait calculé que pour garder la tête en éveil, il lui faudrait continuer à sortir un trente-trois tours tous les dix-huit mois, comme à son habitude. Et il savait qu'il ne pourrait pas rester sans écrire. Du moins était-ce ce qu'il pensait au départ.

Il avait d'ailleurs, au cours de vacances aux Antilles en 1972-73 écrit le premier jet de deux chansons. La maladie qui vint le saisir en plein voyage avait beaucoup diminué ses envies, et ses possibilités de chanter. Et puis aussi, la paix de sa nouvelle vie, qu'il appréciait en même temps qu'il la vivait, ne laissait pas beaucoup de place au désir d'écrire. Jacques était heureux et, tout naturellement, il se laissait vivre son bonheur.

Il lui arrivait de prendre sa guitare, mais cela restait épisodique. Jacques était un homme précis et le bateau est gourmand de soins, il lui était donc très difficile de se consacrer à sa musique. Cependant, les idées qui habitaient son monde ne pouvaient se garder de quelques excursions. C'est ainsi que j'entendis, pour la première fois, l'histoire de cette ville dont il avait oublié le nom, tandis qu'il nous préparait un feuilleté au roquefort :

La ville s'endormait
Et j'en oublie le nom
Sur le fleuve en amont
Un coin de ciel brûlait
La ville s'endormait
Et j'en oublie le nom

Je me désenchantais
Dans le bleu presque noir
Où chantent quelques chiens
Quelques chiens du Hoggar

Sous le lin qui dansait
À deux doigts d'être nue
Demoiselle inconnue
Déjà tu souriais
J'ai oublié ton corps
Je garde ton prénom
Sous le lin qui dansait
Et je sais qu'à ma mort
C'est toi que je crierai.

Qu'est-ce que c'est? avais-je demandé. « Un vieux truc, répondit-il, ça te plaît?... Alors tu devrais le noter. »

Et j'allai chercher un carnet sur lequel nous faisions nos droites de hauteur pour noter ces quelques phrases.

Mais voilà qu'à Atuona, depuis un moment déjà, il commençait à toucher sa guitare. C'était l'anniversaire de la mort de Jojo [1], son grand ami.

« Quatre ans déjà, avait-il dit. » On se mit à parler de Jojo, des rires qu'il faisait éclater dans nos gorges. C'est un soir qu'il me fit prendre des notes, une fois encore parce qu'il ne pouvait pas quitter une sauce qu'il avait entrepris de nous mitonner. Il dictait en tournant sa spatule :

Il est dehors
Il dit que je traîne
Il crie ses cris
Il n'est pas mort
Il est tonnerre
Il est d'abord
Il boit mes rêves
Il dit qu'on part
Il dit qu'on va
Il dit qu'il m'aime

1. Georges Pasquier, dit « Jojo », ami et secrétaire de Jacques.

Il ne m'aime plus
Six pieds sous terre
Il n'est pas mort
Il chante encore.

Quelques jours plus tard il m'appela : « Écoute ça. »

Une chanson commençait à s'élaborer. Et tout fut interrompu par l'épisode avion.

De retour à Hiva-Oa : « Veux-tu que je fasse un disque ? Ne réponds pas tout de suite. Réfléchis bien. Je ne suis pas drôle, quand je travaille. Tu n'as jamais vu ton vieux travailler, je suis infernal. Il faut que je gueule mes chansons. Et pour cela il faut que je sois seul. Je ne l'ai jamais fait devant personne. Je vais donc te demander de me laisser seul. »

Je laissais couler ce flot de paroles, d'avertissements, je savais déjà que c'était oui. Le fait d'aller me promener dans la campagne marquisienne pour que le flux de ses pensées pût jaillir en chanson ne me rebutait pas. Il était vrai que nous allions rester séparés des heures. Ce qui serait nouveau et sûrement difficile. Mais je voulais bien tenter l'opération. Et je fis « oui ». « Si tu dis non, je renonce, je ne le ferai pas car il s'agit aussi de ta vie. Cela risque de ne pas être drôle pour toi. »

Je comprenais ce qu'il voulait dire, et je le savais sincère.

Le fait de me demander mon accord marquait surtout qu'il n'était plus seul à décider. C'était cela, c'était surtout cela. Je savais que s'il me posait la question, c'est qu'il se l'était posée depuis un moment déjà et qu'il ne jugeait pas cela impossible.

Il y avait l'écriture qu'il fallait reprendre, mais il y avait aussi le corps, qui n'était plus au garde-à-vous.

Il avait envie de « savoir » et je n'avais pas de raison de l'en empêcher. Et quand il me disait vouloir être seul pour gueuler ses textes, je le comprenais d'autant mieux que j'avais eu du mal à danser devant lui la première fois.

Mon inquiétude venait plutôt du souffle qu'il lui faudrait pour projeter tout cela. Il lui arrivait de hurler à pleins poumons un « Don Giovanni », sa voix n'avait jamais été aussi claire, mais ce n'était qu'un cri, ce n'était pas toute une chanson.

La première séance de travail fut fixée et, suivant nos conventions, j'allai me promener dans le village voisin.

J'aimais cette route, ou plutôt ce chemin de pierres et de terre. Il faut aller doucement sous peine d'être éjecté à chaque trou rencontré. Et Dieu sait qu'il y en a. À chaque virage, c'est un nouveau paysage. Il y fait bon. Les arbres ombragent la route par morceaux. Et à la saison des fruits, on se laisse tenter par les mangues, les monbins, les pommes cannelle et tout un tas de fleurs et de graines, qui font dire aux rares touristes : « Qu'est-ce que c'est que ça ? Et ça, qu'est-ce que c'est ? »

On voyage en surplomb de la côte, et on aperçoit la mer bleue, forte et belle et sauvage se fracasser furibonde sur les rochers noirs ravagés. Sous le soleil, l'écume devient plus blanche et les ombres plus sombres. On s'arrête pour regarder Motané qui, solitaire au milieu des deux îles, Tahuata et Hiva-Oa, semble monter la garde. Au village on m'a dit qu'il n'y a pas si longtemps un vieux Marquisien s'était installé là, avec sa femme, et ils y faisaient le coprah. L'île n'avait pas d'habitants, et ils l'avaient peuplée de chats, de coqs. Avant eux quelqu'un avait dû y apporter des cochons et surtout des moutons. D'où le nom de Motané. Les oiseaux n'étaient pas sauvages et vous faisaient escorte, n'étant jamais chassés.

Le sentier est très accidenté, et très boisé, et il vaut mieux marquer son chemin, comme le Petit Poucet, si l'on ne veut pas se perdre.

Jacques me disait souvent : « Si on nous ennuie trop, c'est là que l'on va finir. »

Puis je continuai ma route sur Taaoa, nom de la baie voisine. Je m'arrêtais toujours, pour regarder ce cocotier qui tire-bouchonne, comme s'il tentait d'ouvrir le ciel. Le tronc pivote sur lui-même, il est drôle à voir et assez rare en son genre. De quelle maladie est-il atteint celui-là ? Quelle honte l'a poussé à se tortiller comme une jeune fille timide ? Je ne l'ai jamais su. Je gagnai ensuite le fond de la vallée où s'alignent les paepaes (prononcez « paépaé »), vestiges des anciennes habitations. Il y en avait beaucoup ; ce qui laissait imaginer la population qui devait habiter toute cette partie de l'île.

Tout en haut de la vallée, traversant la brousse et les moustiques, j'arrivai à la rivière cressonnière. J'étais au pied d'une façade du mont Tehani, ce gros bloc de rocher qui forme la montagne la plus haute d'Hiva-Oa et dominait notre maison sur l'autre versant, nous offrant une vue magnifique. Je me sentis écrasée par cette masse, toute petite à ses pieds, dans un silence agacé par le vent. Là, je cueillis le cresson lentement, brin par brin. Il me fallait prendre mon temps : je n'avais pas du tout envie d'arriver trop vite et d'interrompre mon poète au milieu de ses recherches. Je commençais juste à penser que j'allais devoir faire preuve d'une sacrée imagination pour me trouver des occupations et rester hors de la maison. Je me sentais pourtant si bien, chez moi !

Lorsque j'estimai être partie assez longtemps, je pris le chemin du retour, traînant encore un peu, à ramasser des cocos germés afin de les planter au bord de la piscine, Jacques s'étant pris de passion pour les cocotiers.

J'avais mis deux heures et trente minutes, je ne pouvais faire plus.

J'arrivai les bras chargés de fruits, de légumes achetés chez Tony le marchand, ainsi que de plantes, de graines, de tout ce que j'avais pu ramasser pour tuer le temps.

Il m'accueillit inquiet : « Mais où étais-tu passée ? Je t'attendais.

– Tu as travaillé ?

– Je n'ai pas pu !

– Dire que je traînais, que j'essayais de gagner du temps !

– Il ne faut plus me faire ça. C'est trop long sans toi, tu resteras là et tu regarderas bien comment je fais, je veux que tu saches. On le fera ensemble... Tu veux bien ? »

Et c'est ainsi que je ne quittai plus la maison, si ce n'est pour acheter du pain frais. Puis, le pain congelé étant aussi bon, j'en congelai deux ou trois, et on tenait ainsi plusieurs jours sans descendre.

Au village, on s'inquiétait de ne pas voir Jacques. On le croyait malade. Et quand je disais qu'il travaillait, visiblement, ils ne comprenaient pas. Écrire et chanter n'est pas travailler. Pour eux c'était évident.

L'orgue venait d'arriver par la goélette. C'était un événement pour Hiva-Oa. Les Marquisiens sont de grands enfants. Et ce que je dis là n'est pas du tout péjoratif. Ils se tapent du coude, ils s'extasient, ils se questionnent en poussant de longs « ahi ! ».

« Ahi ! » en marquisien veut tout dire : étonnement, contentement, perplexité, colère...

On n'avait pas fini de les étonner. Décidément, ces deux-là, devaient-ils penser, sont bien fous. On arrivait en bateau, on poursuivait en avion, et voilà qu'on débarquait une boîte à musique. Ce qui provoquait quelques « ahi ! » mi-étonnés, mi-admiratifs, c'était la boîte à rythme. On leur expliquait qu'il suffisait d'appuyer sur un bouton, et on danserait presque le tamouré. Surprenant, non ?

On fit monter l'orgue à la maison, notre fameuse maison termitée, mais qui était la plus luxueuse que j'aie connue. Il y régnait une telle douceur que tout prenait une allure d'exception. Jacques l'avait fait peindre en blanc. Le blanc était devenu notre couleur, et beaucoup s'étonnaient de nous voir aux Marquises, ou traversant les rues de Papeete, tous deux vêtus de blanc. Certains se demandaient ce que cela voulait dire. Pour Jacques, c'était une envie de toujours qu'il n'avait pas pu, ou su, ou eu le temps de réaliser.

De vert pisseux, notre maison devint blanche et changea son air miteux en air de conquête.

Nous avions hérité de la chatte de la petite fille du gendarme. Elle s'appelait Zébulon, mais le nom devait être trop difficile pour la fillette qui l'appelait Mimine. Nous en fîmes autant.

Mimine avait choisi Jacques comme nouveau maître et il en était fier. Ils se retrouvaient souvent avec Mimine et se faisaient de grandes déclarations. « Regarde, me disait-il, je peux écarter les doigts de ses pattes et elle est tranquille, elle ne griffe pas. Tu sais, la nuit je lui raconte mes rêves, et elle m'écoute. Quand elle veut sortir, elle me confie ses petits. Elle vient se frotter à mes jambes, pour bien me montrer qu'elle s'en va. Elle dit : " Je te confie mes petits. " Moi je lui réponds : " Va, ma belle, je suis là. " Et puis elle revient, quand je décide d'aller me coucher, comme si elle le sentait. »

Quelquefois, la chatte ayant fait une bêtise, Jacques lui tenait des raisonnements comme à un adulte, il la vouvoyait, et Mimine, par le ton, par l'ampleur de sa voix, sentait bien qu'elle devait faire quelque chose. Le plus simple pour elle était de ficher le camp. C'était comme si elle avait compris. Jacques disait : « Tu vois, elle m'obéit. »

Mais elle tenait trop à ses nuits avec lui, à ces moments où Jacques, au bout de son premier sommeil, se levait pour aller respirer les tendres odeurs de frangipaniers et de tiarés mêlées. Alors Mimine venait se faire pardonner. Et ils reprenaient leur conversation.

Jacques restait là deux belles heures à lire ou à regarder la lune, ou encore à deviner les étoiles, à écouter la nuit dormir aux Marquises.

Maintenant l'ambiance de travail était installée. Jacques, tranquillisé par nos nouvelles dispositions, se familiarisait avec son orgue, sa guitare, et me mit au cœur de son travail.

Il voulait à tout prix finir « Jojo », car c'est elle qui allait ouvrir l'espace à d'autres chansons. Il le sentait ainsi.

Comme il avait bien voulu me demander mon avis, j'avais émis quelques réserves sur « Jojo » en valse, puis en bossa-nova. À ce moment-là, ça ne s'appelait pas encore « Jojo ». La chanson s'adressait à lui, mais elle ne le nommait pas.

Ce matin tout était changé.

« Viens, mets le casque... Tu entends ?

– Oui ! et je citais :

Et puis
J'apporte quelques rires...

D'un signe de la main, il m'indiqua que ce n'était pas encore le bon passage.

Quand arrive demain
Tous les flacons sont vides
C'est l'heure qui fait des rides
Aux yeux des vieux gamins.

– Non, non, dit-il, lançant quelques insultes à son matériel. Les chiffres de ce magnéto sont complètement décalés... Plus loin, ça va venir.

Jojo !
Voici donc quelques rires...

– Oui c'est cela. Je te laisse écouter. Tu m'appelles quand c'est fini. »

Il alla terminer son verre hors du bureau. J'écoutais la voix de Jacques tout près de mon oreille, cette voix chaude et pleine de tendresse. J'avais les larmes aux yeux.

Six pieds sous terre
Je t'aime encore.

Je l'appelai, tout émue de ce que je venais d'entendre. Il vint me rejoindre, ses yeux étaient brillants. Impatient, il me dit : « Ça te dit quelque chose ?

– Ça me donne la chair de poule.

– Alors il n'y a que cela qui compte, il n'y a que cela qui compte, le reste c'est de l'eau chaude. »

Puis il m'expliqua que l'on avait le frisson, ou on ne l'avait pas. C'est cela le grand truc. « Tu comprends, si rien ne se passe, si tu ne ressens rien, ce n'est pas bon. »

Repensant à sa chanson, il enchaîna : « Jojo, je m'adresse à lui, c'est à lui que je parle. Tu comprends ?

« Got ! Je l'aimais, tu sais. Je suis devenu orphelin le jour de sa mort. Je me souviens que je l'avais noté sur le livre de bord, mais c'est vrai, c'est vrai. Je le sais encore mieux maintenant.

– Tu as changé " Mais heureux de savoir qu'il ne le sache pas " pour " ... Que je te viens déjà ".

– Tu ne préfères pas ?

– Si, si.

– Et puis c'est un peu vrai, non ?... On ne se refait pas de vieux amis !... Tu crois qu'elle aurait plu à Jojo ?

– J'en suis sûre. (Il me semblait qu'il l'écoutait et l'appréciait en même temps que moi.)

– Merci la Doudou. »

Que de moments formidables passés dans l'air de ce petit bureau marquisien...

Jacques, ému, continuait : « Quelquefois il me manque, mais quelquefois je suis content qu'il ne me sache pas malade. Je crois qu'il m'aimait bien. Il était drôle. On a fait des coups ensemble...

« Un jour nous sommes rentrés à notre hôtel, après le spectacle, et après avoir soupé. Or, dans cet hôtel, il faisait un froid de canard. On l'a fait remarquer à l'hôtelier, qui nia énergiquement, disant que son hôtel était bien chauffé, qu'il y faisait bon. Alors Jojo et moi, on s'est mis à se déshabiller devant lui, en lui disant qu'effectivement, il y faisait une chaleur à crever, qu'on ne s'en était pas rendu compte. On faisait des choses comme ça. On riait vraiment comme des gamins.

« On se complétait tout à fait bien. Parfois on se regardait, on se disait : " On est vraiment deux cons ! On se trompe tous les deux. Oui, mais pas pour les mêmes raisons... "

« On faisait des choses ensemble et parfois ça touchait à des choses jolies. C'était beau. Il avait des colères et moi des indignations, mais qui étaient orientées de la même façon.

« On fustigeait parfois des gens... Mais fallait-il qu'ils soient vraiment trop médiocres, depuis trop longtemps, et qu'ils nous ennuient, et qu'ils nous le prouvent. Alors parfois on était insultant.

« Jojo riait et les gens qui ne rient pas ce n'est plus supportable. C'est tout juste bon à mettre dans des bocaux, dans des pharmacies. Il était drôle, bien plus que moi. Il avait cinquante ans mais j'ai l'impression qu'il en avait dix-huit et moi-même qui ai dix-sept ans et demi, je ne vais pas traîner à aller rejoindre ses indignations et ses colères. Je crois qu'il aurait mieux vécu s'il avait connu sa maladie.

« Jojo n'a pas tué le temps. Il en est mort. »

Jojo était mort d'un cancer généralisé. On ne lui avait jamais nommé sa maladie. Sans doute ne voulait-il pas savoir, mais je crois qu'il est du devoir des médecins d'aider le patient à prendre conscience. On peut se battre en connaissance de cause.

Jacques avait eu des idées pour Jojo qui ne lui avaient pas servi, mais qui lui donnèrent le sujet d'une autre chanson. C'est ainsi que de :

Ça nous fait rentrer tard
Ça fait de bar en bar
Ça grande claque dans le dos
Ça nous coucou c'est moi
Ça nous à tout à l'heure
Ça nous fait finir tard
Ça nous fait fuir tout ça
Un Ami
Un Ami quand il pleure...
Ça fait tourner la tête
Ça fait venir la fête
Ça nous déchire le ventre
Ça nous déchire le tendre
Ça nous crache des soleils
Sur la gorge et aux yeux...
Ça nous fait tous pareils
Voilà que l'on est creux
Ça vous ampute le cœur
Un ami
Un ami quand il meurt...

naquit *Voir un ami pleurer.*

On se demande un peu comment viennent les idées. C'est assez extraordinaire de voir se déclencher les choses.

Nous avions un réfrigérateur à pétrole qui perdait le souffle. Voilà qu'il s'éteint pour la énième fois. Il faut tenter de le réparer, le froid est important sous ces latitudes.

Jacques, accroupi devant l'appareil, essaie de sortir le bac à pétrole, porteur d'une mèche ronde. D'abord cette position lui est tout à fait inconfortable, mais il s'obstine à vouloir remettre les choses en ordre. Après plusieurs essais, c'est l'échec; or il n'aimait que cela, à quelque niveau que ce soit.

Arrivent les bonnes sœurs, venant nous remercier de la part des filles de l'école pour le spectacle que nous avions fait. L'une d'elles est cuisinière depuis quarante ans et a vu défiler quelques engins de cette espèce. La voilà, elle aussi, accroupie, à essayer d'allumer la mèche.

En fin de compte, c'est le facteur, portant le courrier, qui, en un tour de main, arriva à faire brûler une belle flamme bleue qui marqua la réussite de l'opération. Jacques plaisanta beaucoup là-dessus, et tout le monde s'en alla.

En fin de matinée il me lut : « Bien sûr nos miroirs sont intègres. Ni le courage d'être juif. Ni l'élégance d'être nègre. On se croit mèche, on n'est que suif. »

Les jours passaient, multipliant les va-et-vient entre le bureau et le reste de la maison. C'était tantôt pour venir pêcher une bière fraîche, tantôt pour me lire une strophe ou tout simplement pour souffler un peu.

Quelquefois, il savait que je l'écoutais de l'autre côté de la cloison, alors il criait : « Tu as entendu ? Ça va ?

– Oui, continue. »

Quand une idée lui venait, il était fréquent qu'il l'écrivît et qu'il épinglât le papier au mur. Ça avait été le sort, quatre ans plus tôt, de :

Et me croyant sans exigences
Elle me croyait sans besoin.

Cela se passait à Paris. Aux Antilles, quelque temps après, c'était devenu : « Elle confond faiblesse et patience. »

« Qu'en penses-tu ? Tu ne trouves pas que les femmes ne font pas leur boulot ? D'abord, elles disent toujours non. »

Je glissai un petit : « pas toujours » pour atténuer l'absolu de son opinion.

« Pas toujours, mais presque toujours. »

Comme il n'était plus tout à fait convaincu, il dit : « Ce n'est pas facile d'être une femme... » J'attendais la suite : « Mais ce n'est pas facile d'être un homme non plus. » Et il partit entreprendre le dialogue avec cette femme qui le croyait sans merveilles, qui le croyait repu, le voyant sans un soupir.

En définitive, il avait gardé ce côté protecteur de la femme. En dehors de tout sentiment, son devoir était de la protéger, et il le faisait.

Jacques avait une mentalité de chevalier. Il cherchait à me faciliter les épreuves. D'un autre côté, il était heureux que je le protège. Il souhaitait être enveloppé, nourri de tendresse. Dans notre couple, il cherchait l'accord et non le désaccord. C'est une chose que beaucoup ne comprennent pas. On croit vivre ensemble pour s'affronter au lieu de trouver des points d'ancrage. On cherche à avoir raison au lieu de cultiver ce qui va et de chercher une solution à ce qui ne va pas. Très tôt, Jacques a pensé qu'il était important de chercher en chaque chose ce qu'il y avait de joli.

Il faisait le tour de ses premières idées et ce fut à ce moment-là qu'il se mit à écrire *La Ville.*

Quand ce fut terminé, Jacques me dit : « C'est une très mauvaise chanson, parce que ça n'en est pas une. Et moi, ce que j'aime depuis un certain temps, c'est chaque fois que j'écris une chanson qui n'en est pas une. Parce que la chanson dans sa forme classique, par moments, m'ennuie souverainement.

" La ville s'endormait " : ce type, tu sais qui c'est, toi ?

– ... ?

– Moi non plus... Ça n'est dit nulle part... Il parle, puis on le quitte... On sort de lui. J'aime bien faire ça. Ça casse le rythme...

Et mon cheval qui boit
Et moi qui le regarde
Et ma soif qui prend garde
Qu'elle ne se voit pas.

« On passe d'un cheval à l'autre j'allais dire... Oui, tu comprends, il y en a un qui a le droit de boire, l'autre pas...

« Pourquoi... ? Ça n'est dit nulle part. Plus loin il dit : " On m'attend comme un roi, en fait, on ne m'attend pas... " Tout ça n'est pas évident. »

Il était donc très content de *La Ville*. Madou, qui séjournait avec nous lors de sa création, eut la faiblesse d'aimer cette chanson, ce qui le remplit de joie.

« Il m'en faut peu, tu vois, pour que je sois content. » Il la lui dédia. « Maintenant, dit-il, c'est " Sa Ville ". »

La Ville était finie... *Sans Exigences* et *Avec Élégance*, ses deux dernières chansons, ne sont jamais sorties.

« Ce sont les idées qui comptent, après ce n'est que du travail. Je n'ai aucun talent et il faut que je travaille beaucoup. Pour moi, le talent, c'est un travail qui ne se voit pas. Il faut que cela semble facile alors qu'on a mille heures de boulot derrière. Je suis un laborieux.

« On ne peut pas jeter des mots comme ça, il faut essayer d'être précis. Il y a mille paires d'oreilles qui peuvent vous écouter au même moment. Il faut se dire que l'on a trois mille chances de se tromper. On n'a pas le droit de se moquer des gens. Savoir le poids des mots, c'est important.

« Pour moi, c'est toujours douloureux d'écrire. Tu le vois, n'est-ce pas ? »

J'insistais pour lui faire admettre que l'idée et le travail ne suffisaient peut-être pas à donner du talent.

« Tu vas comprendre, disait-il, donne-moi une idée, comme ça au hasard !

– On ne peut pas être et avoir été, ou... Un homme qui ne veut pas vieillir... Quoi d'autre ?...

– Bon ! Maintenant essaie d'écrire quelque chose là-dessus. »

C'était un exercice passionnant, que je n'ai pas réussi, mais qui me laissait entrevoir des choses. Je trouvai :

Redescendre les rues d'hier
Pour rafraîchir ses souvenirs
Mais ne trouver au fond d'une bière
Qu'un pâle reflet de ses rires.

Et lui :

Promener d'anciens complets
Pour aérer d'anciennes heures
Où le bonheur s'entrevoyait
Ne plus en trouver les lueurs.

Évidemment, ça n'avait rien à voir.

Quand je voulais dire être triste et sans joie, il disait : « être triste jusqu'au sourire ».

Ou encore, ne pas savoir que l'on vieillit, il répondait : « encore parler de ses partances, en sachant que l'on est arrivé ».

Rechercher le goût de l'enfance et c'était : « retrousser le temps de l'enfance pour s'inventer quelques émois ».

Je n'étais pas convaincue qu'il n'avait d'autre talent que le travail...

Il me dévoilait ses jeux de scène, comme un enfant livre ses secrets, l'œil frisé.

Je n'avais pas vu un seul de ses spectacles, et c'était comme si je les voyais tous d'un seul coup.

Il chantait *Ne me quitte pas* et je revoyais cette émission de télévision qu'il avait faite à l'époque, une des seules que j'aie vues.

Les Timides, il me montrait comment placer son corps devant le micro pour que le héros soit représenté heureux, malheureux, triste, joyeux ou à plaindre. Pour que le corps porte aussi le texte.

Nous nous amusions à chanter *Ne me quitte pas* comme Nina Simone et avec nos bouches de nègres, nous n'avions pas beaucoup de mal à l'imiter.

Une chanson, c'est même la seule qui lui revenait souvent aux lèvres, c'était *Les Vieux Amants*. Celle-là, je ne lui permettais pas de la défigurer. Il disait : « De toute façon, je me suis trompé. On ne dit pas : “ le corps exulte ”, un corps n'exulte pas. »

À mesure que le temps passait, les idées venaient plus vite. Un matin il m'annonça : « Cette nuit j'ai trouvé quatre idées. » Et tout de suite, il enchaîna en plaisanterie : « Qu'est-ce que ça te fait d'être femme d'Auteur

Compositeur
Chanteur
Acteur
Comédien de comédie musicale
Metteur en scène (j'ai ma carte)
Pilote professionnel 1re classe
Capitaine au grand cabotage
Cuisinier
Rêveur
et Cancéreux ? »

Ensemble, on éclata de rire. « C'est bon de rire », fit-il, riant aux larmes. « Bon, maintenant il est trop tard pour que je me mette au travail », pris d'une envie de nous faire un plat compliqué.

« Les carottes ! Schnell bitte ! » Et il fit vibrer un énorme :

Don Giovanni a cenar teco
M'invistati, e son venuto
Rispondimi...

« Je donnerai beaucoup pour n'avoir écrit que ça. » Et il enchaîna : « Tu me diras si tu préfères le saumon comme ça, ou comme la dernière fois. Je l'ai fait tremper dans du lait, j'ai lu ça cette nuit. »

Cette journée sentait les vacances.

Les pilotes faisaient partie de notre ambiance. Ils venaient une fois par semaine, le lundi, et ne manquaient pas de passer nous saluer.

En plus, ils avaient la gentillesse de nous apporter, à chaque avion, une glacière pleine de produits frais. Certains étaient devenus des amis.

C'est par leur présence que vous allez quelque peu connaître notre vie aux Marquises. Ils venaient là, après une bonne journée de vol. Partis de la maison depuis 4 heures du matin, décollage à 5 heures. Cinq décollages et atterrissages dans la journée. Avec quand même cette hantise d'arriver à bon port. Nous sommes, il faut le dire, à un des bouts du monde. Si l'on dépasse les Marquises, il n'y a aucune possibilité de rencontrer d'autres terrains. Alors, en bout de potentiel, on va dire bonjours aux poissons... On y pense tout de même !

Nous connaissions ces sensations et il y avait toujours, dans ces entrevues, une sorte d'accord, d'entente, et de compréhension.

« On peut entrer ? » firent les nouveaux arrivants. Jacques répondit : « Entrez, entrez, belle jeunesse.

– On ne vous dérange pas ?

– Non, non, pas du tout, entrez ! Vous avez eu beau temps ?

– Un temps de curé. »

Jacques, tout de suite, les fit installer, s'inquiéta de leur soif, de leur faim. « Qu'as-tu de rigolo à nous offrir ? » me fit-il. J'avais beau chercher, ça ne variait pas beaucoup.

On se mit au champagne.

Des chants montaient du fond de la vallée. Jacques commenta : « Ce sont des chants marquisiens, ils répètent pour la messe du dimanche. C'est assez joli. C'est de la musique polyphonique. Ils prennent naturellement la tierce, alors qu'il nous faut quinze ans d'étude. C'est très beau. On ne comprend rien du tout, mais c'est très beau.

« S'ils ne chantent pas du Tino Rossi, ils chantent des chants religieux, catholiques ou protestants, d'ailleurs ils ne se formalisent pas. Ce qui a fait dire à un curé, qui s'est d'ailleurs lassé : " Mais ils ne croient à rien. " Eux, du moment qu'ils peuvent chanter, ils sont contents.

« De Tino Rossi, c'est le seul dont on puisse dire qu'il a eu plus de monde que le général de Gaulle en Polynésie. Ils chantent tous comme Tino. Il y a vraiment le phénomène Tino. Tu vois de gros gaillards de deux cents kilos chanter comme Tino " Maria, quand je vois tes yeux ". D'ailleurs, leur référence, c'est plus ou moins bien que Tino. En général, c'est moins bien que Tino. Et moi, quand ils me connaissent, c'est moins bien que Tino. Ce n'est pas du tout leur style, mais pas du tout.

« À la radio, tu entends toujours les vingt mêmes chansons. Du tamouré façon Tino, ou du Tino façon tamouré. Alors quelquefois cela semble long.

« L'influence du curé a diminué, il faut donc qu'il les raccroche par quelque chose. Alors il les fait chanter, puisqu'ils aiment chanter.

« Ici, aux Marquises, ils sont plus spécifiquement catholiques, parce qu'ils n'ont eu affaire qu'aux catholiques. Les Espagnols d'abord et les Français ensuite. Tandis qu'à Tahiti, les Anglais, les Français et les Américains sont passés par-là, alors il y a plus de religions : les protestants, les mormons, les sanitos, les du septième jour, les de la vingt-deuxième semaine et je m'y perds.

« Ici, c'est catholique. Les protestants sont une vingtaine. Il y a aussi les sœurs. Les sœurs qui font ce qu'elles peuvent. Il n'y a pas si longtemps, elles empêchaient les filles de regarder les garçons. Quand un homme passait, les filles étaient priées de tourner la tête. Voici le diable, disaient-elles. Je tiens cela d'une vieille Marquisienne, qui n'est pas bien vieille d'ailleurs. Ici ils s'estiment vieux à quarante ans. Ce qui ne nous laisse pas une grande marge.

« Elle disait encore que les sœurs attachaient les filles à une chaise pour les flageller. C'est assez insupportable comme idée. J'imagine que cela devait combler un manque. Je ne vois pas d'autre solution.

« Le curé, fièrement, nous disait l'autre jour : " Nous leur avons donné la notion du péché. " C'est terrifiant !

« Alors, je m'amuse à rappeler à l'évêque que Mgr Martin, celui du temps de Gauguin, avait deux maîtresses. Il dit que ça n'est pas vrai. Mais le procès-verbal existe. Il y est consigné la bagarre que ces deux femmes avaient menée au beau milieu du sermon de l'évêque, s'injuriant parce qu'il avait donné à l'une une robe de laine, à l'autre une robe de coton. Ça prouve que lorsqu'on est évêque il faut savoir être équitable.

« À Ua-Pou, dans l'archipel nord, le curé dit encore aux femmes : " Femme Untelle, tu as pris la pilule, tu iras en enfer. "

« Ou pour que s'arrête la sécheresse, il fait faire des processions. Et bien sûr ça rate. Alors, il cite tous ceux qui ne sont pas venus et les rend responsables de son manque de réussite. C'est simpliste mais ça marche.

« Enfin ils nous foutent la paix et c'est ça l'essentiel. Quand l'évêque veut m'entreprendre sur son sujet favori, je dis que j'aime bien trop les hommes pour encore avoir à m'occuper du Bon Dieu.

« Je n'ai pas la notion de Dieu. Il est bien plus constructif, à mon sens, de se mettre en face des réalités plutôt que de tout déposer aux pieds d'un individu, et d'attendre qu'il fasse le travail. Pour moi ce n'est pas la solution. Je ne dis pas que j'ai raison. Je crois que c'est par peur que les gens se rattachent à ces notions-là. Ils ont besoin d'être sécurisés. Ils ont besoin de se mettre à l'abri derrière un Dieu. Je ne trouve pas cela très courageux. C'est mon point de vue. Encore une fois, je n'ai peut-être pas raison. Mais je refuse cette notion-là. »

« Crois-tu en Dieu ? m'avait demandé Jacques un jour à brûle-pourpoint.

– Je crois à quelque chose au-dessus de nous. J'ai le sentiment que quelque chose est conscient de mes actions. C'est comme l'amour entre nous ; c'est quelque chose au-dessus qui fait que l'on ne peut pas faire n'importe quoi. Au nom de cet amour, je ne peux pas me permettre d'être en dessous de moi-même. Toi, tu as appris Dieu avec les curés. Moi, je ressens Dieu. Je ne sais même pas ce que raconte la messe. Je n'ai jamais lu la Bible [aujourd'hui, je l'ai fait], mais je ressens cette présence. Ce n'est pas un homme à barbe blanche assis sur un gros nuage et je ne le sens pas responsable de ce qui m'arrive. Je sens que je peux avoir confiance à ce quelque chose qui peut me soutenir dans mes actes. À mon avis, tu es davantage contre l'Église que contre Dieu. Tu te laisses souvent aller à dire " Si Dieu veut " et moi je pense que Dieu n'a rien à faire là-dedans.

– C'est une formule.

– Oui, mais elle veut dire que tu n'es pas maître, c'est Dieu qui veut. »

Je n'eus pas d'autre réponse.

Sur les religions, il continuait : « Les religions détournent les hommes des choses importantes. Elles se donnent priorité et là n'est pas la générosité... Ce sont leurs interdits qui deviennent importants. Elles oublient la conséquence des choses. Elles ne voient que l'interdiction. La pilule est proscrite. Bien ! Ici il y a des femmes qui ont vingt-six, vingt-sept, jusqu'à trente enfants. Leur problème, c'est d'interdire la contraception. Peu importe qu'une femme meure par trop de grossesses successives.

« Et puis, pour un tout petit peu de bien que ces représentants de l'Église ont pu faire, presque par inadvertance (parce qu'on ne peut pas faire que du mal, à un moment donné il se glisse un peu de bien quelque part), que de souffrances, que de malheureux, que de torturés, que de victimes, enfin !

« Ici, c'est un microscope, on les a bien dans l'axe et la charité chrétienne n'est pas toujours dans le sens que l'on croit.

« Si vous avez un moment, vous devriez aller jeter un coup d'œil. Vous y verrez, entre l'école et la mission, cette fameuse statue si horrible de Gauguin. Elle est là, plantée, ruisselante d'aluminium pour se protéger de la rouille. Elle représente la Vierge et le Christ. Une horreur, je crois bien que Gauguin avait raison. »

Jacques continuait à raconter les Marquises, les pilotes ne lançaient une petite question que de temps en temps. Tout l'intéressait. Il se renseignait sur le devenir des enfants, le sort des filles par exemple. Il poursuivait : « Les filles des cinq autres îles piaillent dans la cour de l'école, en attendant qu'un beau militaire vienne les délivrer. Elles sont gardées par de gros chiens qui ont appris à détester les hommes. Seulement quand les hommes mettent un pareu, ils ne font pas la distinction. Ce qui pose aux sœurs quelques petits problèmes de rondeur subite. Elles vont se faire renvoyer et iront entreprendre leur chapelet d'enfants.

« Les garçons sont sur l'île administrative, dans l'archipel nord, chez les frères. En fait, les enfants sont rarement avec leurs parents. Ce qui ne favorise pas l'esprit de famille. Ils se croisent et puis ils disent : " Celui qu'on vient de dépasser est mon frère. "

« Il n'y a pas si longtemps, les filles rentraient à l'école à six ans et n'en revenaient qu'à quatorze ou quinze et pour quelques-unes, seize ou dix-sept ans.

« Maintenant, c'est quand même différent, elles rentrent chaque année et parfois à Noël. »

Jacques s'arrêta, un pilote en profita pour lui demander : « Et savent-ils qui tu es?

– Qui je suis? Les enfants savent que je chante puisqu'ils appellent la Doudou " Vehine Himene ", ce qui veut dire " La Femme du chanteur " et puis un garçon en troisième scolaire est venu lui dire : " Je connais ton mari, je l'ai rencontré dans les livres. " Ce qui est une jolie expression.

« Et tout au début de notre arrivée, les sœurs m'ont demandé de mener un petit colloque avec les filles. Je m'y suis prêté de bonne grâce. Mais je fus sidéré par le niveau. Leur seule préoccupation était de pouvoir devenir Miss. Miss n'importe quoi d'ailleurs. Les plus grands poètes français : Victor Hugo, quand même, et Tino Rossi. Voilà, autrement cela se passe bien. Il y a une sœur polynésienne qui sait que nous aimons les fleurs, alors pendant les vacances, elle prend sept ou huit filles avec elle et elles nous ravivent le jardin en quelques coups de pioche. »

Pendant tout ce temps de conversation, les chanteurs ne faiblissaient pas. Jacques finit par dire : « C'est beau, mais c'est copieux. » D'autres remarques lui venaient en tête, il continua : « Il y a une chose sur laquelle il est difficile de les tenir : c'est la mort. Ils n'en ont pas peur. Quand quelqu'un meurt, c'est qu'il suit un autre chemin. Il va vivre dans une autre vallée. Dès lors, le clergé perd une grande partie de son pouvoir, et ils obéissent au curé pour ne pas se distinguer des autres. Ils ont horreur d'être à part.

« Il y a cette phrase qui veut tout dire, et qu'on entend sans cesse : " Ça fait honte. " Ils ont appris à se servir de la confession. Ils font donc tout ce qu'ils ont à faire, ce qui leur permet de recommencer. C'est très pratique.

« En fait, ils sont catholiques par habitude et pratiquants par nonchalance.

« Les Tupapau (Toupapaou) sont les esprits. Ils croient fermement aux Tupapau, et même les plus évolués ne tiennent pas à ce qu'on plaisante là-dessus, c'est tabu (tabou).

« Certains curés ont abusé de la générosité et surtout de l'ignorance des Marquisiens pour leur prendre leurs terres en échange de clous ou autres matériaux de la même importance. L'extrême-onction aussi donnait pas mal de possibilités. Émile Combes, qu'on appelait le petit père Combes, avait rendu leurs terres aux Marquisiens au moment de la séparation de l'Église et de l'État. Mais en 1942, un de Vichy est venu en inspection et l'évêque du moment en a profité pour se plaindre de la sanction que leur avait infligée M. Combes, et d'un trait de plume les terres furent rendues à l'Église. Maintenant, les Marquisiens peuvent les racheter à tant du mètre carré.

« La culture marquisienne est très pauvre. Ceux qui auraient pu les maintenir dans leurs rites ont subi la colère des représentants de l'Église catholique. Ils ont été anéantis. Donc leurs prêtres, leurs sorciers, qui étaient leurs livres, ont disparu avec leur savoir, leur bibliothèque...

« Il a été très difficile de pouvoir établir leur vraie façon de vivre. Là encore, il n'y a que les curés qui avaient pu être témoins de certains rites. Ils ont consigné quelques notes mais il reste très peu de chose de la civilisation marquisienne, puisqu'ils avaient la tradition orale.

« Ils ne savent même plus leur folklore, car toutes les danses ont été interdites. La danse du cochon, qui est typiquement marquisienne, a été interdite jusqu'à il y a très très peu de temps. Ils la dansent à la moindre occasion, elle est tout à fait banale et n'a rien de bien spectaculaire. Mais elle devait gêner ces pauvres curés car c'était la danse d'amour du cochon. Elle a fini par prendre de la valeur aux yeux des Marquisiens, je crois, uniquement à cause de l'interdit.

« Il faut bien le dire, à l'époque, l'Église avait une énorme importance. L'administrateur, le gendarme, la politique étaient sous leur coupe.

« Si vous voulez un peu l'histoire des Marquises, à part la position de 7° 55' et 10° 33' de latitude sud et 138° 35' et 140° 33' de longitude ouest, que vous connaissez aussi bien que moi, voici ce que l'on peut dire : elles ont été découvertes par le navigateur espagnol Alvaro Mendana de Neira, en juillet 1595, le 21 si j'en crois ma mémoire. Je m'en souviens car le 21 juillet est la fête nationale belge ; c'est un 21 juillet qu'on s'est acheté un roi. Donc, Mendana a découvert les îles du sud-est de l'archipel et leur donna le nom de « Marquises », en hommage à la marquise de Mendoza. Son mari finançait l'expédition. Hiva-Oa s'appelait la Dominique. Elle s'étale sur environ trente-neuf kilomètrs d'est en ouest, et dix-neuf kilomètrs du nord au sud. Sa montagne dominante est celle que vous voyez là ; c'est le mont Heani, mille deux cents mètres environ.

« On pense que l'origine des Marquisiens est maorie. Une théorie dit aussi qu'il y a une liaison avec les Pascuans. On retrouve dans les tikis de pierre des similitudes qui étayeraient cette théorie-là. Je ne peux pas vous en dire plus. Ce qui est certain, c'est que les plus grands tikis sont aux Marquises et sur cette île, côté nord-est, à Puamau. Les Marquisiens avaient la réputation d'être des guerriers superbes ; ils ont perdu leur fougue. On les disait belliqueux, courageux ; maintenant, à cause des maladies que les Européens leur ont apportées, ils n'ont rien pu sauver. Cook disait qu'ils étaient cinquante mille. En un siècle, les recensements les ont vu passer de vingt mille à trois mille à peine.

« Les Français s'y sont installés en 1842 et c'est l'amiral Dupetit-Thouars qui prit possession de l'archipel au nom de la France. Je crois que c'était un 1er mai. Il est arrivé sur l'île en face : Tahuata.

« Jusqu'en 1881 les Français n'ont occupé que le groupe nord. Ils se sont installés à Nuku-Hiva.

« Au XIXe siècle, les Marquisiens vivaient à l'âge de la pierre polie. Ils aimaient les fêtes. La civilisation a fait qu'il y en a moins, mais ils adorent toujours les festivités. Il y a vingt ans, ici, dans les vallées, la simple venue du gendarme occasionnait un grand repas (kaikai). Le Tavana, chef de village, désignait à chacun ce qu'il devait apporter pour la circonstance. Il ne s'occupait pas de savoir comment ils allaient se le procurer. Ce qui était sûr, c'est qu'ils devaient l'apporter. C'étaient des fêtes gigantesques.

« Le Marquisien adore manger. C'est incroyable ce qu'il peut ingurgiter durant ces " kaikai ". À l'époque, pendant les grands rassemblements, des prêtres, leurs prêtres, récitaient les légendes et les généalogies. On dit qu'ils pouvaient remonter jusqu'à quatre-vingt-huit générations. Ils avaient trouvé un système mnémotechnique pour se rappeler le tout. Ils se servaient d'un bâton le long duquel ils attachaient des ficelles ; à ces ficelles ils faisaient des nœuds plus ou moins espacés, qu'ils teignaient de différentes couleurs. Chaque nœud représentait un événement ou un nom : c'est ainsi qu'ils se souvenaient des histoires. Celui qui récitait les légendes n'avait pas pour mission de les transmettre aux autres. C'était le Tuhuka o'oko qui les leur apprenait, ainsi que les chants et les danses.

« Comme je le disais tout à l'heure, ils n'avaient pas peur de la mort et il y avait une danse pour le moribond. Il se mettait dans son cercueil pour attendre son heure. Pour le faire patienter et amuser ses derniers instants, de façon à ce qu'il garde un bon souvenir de son passage sur terre, les femmes dansaient nues devant lui, avec des positions lubriques tout à fait suggestives. Et moi je dis qu'il devait être heureux ce coquin-là. Ça s'appelait le Haka-heva. Les curés ont mis bon ordre à tout ça. »

« Les Marquises sont des îles volcaniques à environ mille six cents kilomètres de Tahiti, au nord-est. Elles n'ont pas de corail, donc pas de lagon. Je trouve que le lagon... ça fait baignoire. Les gens aiment beaucoup les lagons, ils aiment les plages de sable blanc, moi, ce sont les falaises. C'est un climat tropical. Il y fait plus frais que plus au sud, que Tahiti par exemple, grâce au courant de Humboldt. Les alizés soufflent pratiquement toute l'année. C'est tranquille, c'est formidable. »

Alors, inquiet, un pilote lui demanda : « Mais vous allez partir un jour ?

– Ah non ! fit Jacques.

– Vous vivrez là ?

– Ah oui ! ici on se plaît bien ; c'est une chose qui semble étonner. Pas un parmi vous ne trouve cela normal... Si, peut-être un, mais il ne vous semble pas normal à vous.

« Certains trouvent que c'est sinistre. Moi, je trouve cela beau. Ils se posent vraiment la question : “ Comment peut-on vivre ici ? ”, on ne se la pose pas. On vit. Et on vit bien. Pour moi, ça ressemble à des gravures de Gustave Doré pour *L'Île mystérieuse.* C'est austère, c'est grandiose. Ce sont des falaises abruptes. Du côté du vent, elles atteignent huit cents mètres. Enfin, moi j'aime. Ça n'est pas abîmé par l'homme.

« Mais je comprends parfaitement que ça puisse ne pas plaire et encore une fois, je n'ai pas l'intention de convaincre qui que ce soit, cela m'arrange plutôt. Je ne tiens pas à être envahi, si je suis venu jusque-là, c'est pour avoir la paix. Ici, j'ai la paix. Je suis heureux.

« Vous qui aimez les lagons de Tahiti, pour moi c'est sans consistance. Si je n'avais pas pu vivre ici, j'aurais aimé vivre aux Açores.

« Les Açores sont portugaises, leurs îles forment un archipel en plein Atlantique. Nous sommes arrivés à Horta, capitale de l'île de Fayal. Ce sont des îles volcaniques, la vie y est rude, difficile, alors les gens sont gentils. Malheureusement ils parlent le portugais et je n'aime que le français. Mais ce sont des îles d'une grande beauté. On peut vivre les quatre saisons de l'année en une même journée. Le matin c'est la rosée du printemps, on a envie de marcher dans la fraîcheur du temps. Le midi c'est le plein été, on mange aux terrasses. Arrive l'automne avec la fin d'après-midi, les femmes tiennent déjà leur châle. Et la nuit c'est l'hiver sous deux couvertures. On s'étonnerait à peine de voir tomber la neige sur les volcans.

« Mais c'est trop près de la France.

– Et pourquoi as-tu cette répulsion pour la France ? demanda le pilote, exagérant l'intention de la phrase.

– Je n'ai pas de répulsion pour la France, ça commence comme ça. Je trouve que c'est beau la France et je trouve qu'on y vit bien, et qu'il y a un certain nombre de gens qui ont fait des choses, et que je respecte infiniment. Mais il y vit aussi un certain nombre d'individus que je n'ai pas du tout envie de côtoyer. Depuis ma maladie, ces gens-là ne me laissent pas en paix et moi j'aime vivre en paix. Je dois tout cela d'ailleurs à votre compatriote, bien connu sous le nom d'Antoine. »

Les pilotes, qui naviguaient entre l'Afrique et l'Océanie, n'étaient pas très au courant de l'actualité artistique française et posèrent la question : « Qu'est-ce qu'il vend celui-là ?

– Il chante, je ne peux pas bien te dire quoi. Je ne me souviens d'aucun air. Il y a une histoire de vanille...

– Non, de cannelle, fis-je. »

Jacques enchaîna, désintéressé :« Enfin, il n'y manque que la noix de muscade. »

Et il expliqua : « Je me promenais après l'opération sur les quais du port de Porto Rico aux Canaries, où j'étais venu rejoindre mon bateau. La Doudou faisait les préparatifs pour le départ, moi j'essayais de marcher un peu pour m'oxygéner. Il n'y avait pas un mois que j'avais été charcuté, j'étais donc tout à fait impotent, infirme quoi. Je rencontre Antoine qui venait d'arriver avec son bateau, on cause, et comme il était tout seul et que c'était Noël, je l'invite à dîner. Dans la journée, il prend des photos du bateau, puis le lendemain on le réinvite car il était toujours tout seul ; il reprend des photos de nous, du bateau. Puis, s'enhardissant, il demande à la Doudou de lui faire une photo avec moi, mais avec son appareil. Elle accepte. Pourquoi pas ? Nous avons pris aussi des photos. Jusque-là tout va bien. Il est parti. Et voici où je veux en venir. Il a refilé les photos à la presse, à un journal minable en plus : " Brel est malade, je sais ce qu'il a, mais je ne vous le dirai pas. " Tout ce qu'il fallait pour mettre les journalistes à mes trousses. Et ça n'a pas manqué. C'est tout.

« Nous sommes arrivés aux Antilles sans nous méfier, nous n'étions pas au courant bien sûr, et surtout nous ne pouvions pas soupçonner une chose pareille. Nous avons vite compris, et depuis, nous fuyons tout ce qui est français. Ici, l'éloignement, la difficulté nous protègent.

« Ça n'a pas de nom ce qu'a fait ce garçon, ça n'a pas de nom. Et c'est tout ça qui me fatigue.

« Ils ont déjà annoncé ma mort trois fois. Je l'ai entendu à la radio, je l'ai lu. Non. Tu vois, je préfère les Marquises, même austères, même sans confort. Le confort, on se le fait doucement, petit à petit.

« Aujourd'hui vous avez apporté des fraises. Je parlais de luxe l'autre jour, et bien voilà un luxe, avoir des fraises aux Marquises.

« Ici, on a la vraie valeur des choses. Les millions ne servent à rien.

« Il faut avoir un bout de ficelle quand il faut et savoir faire des choses. Autrement on meurt idiot. Le luxe, c'est de pouvoir vivre n'importe où, en sachant se débrouiller. À nous deux, nous avons bien quatorze métiers, nous nous sommes amusés à les compter. Je suis très fier de cela. »

Le questionnaire continuait gentiment ; d'ailleurs Jacques s'y prêtait de bonne grâce. En fait, il adorait ça. Je crois que si on ne l'avait pas agacé, il aurait sans cesse fait des conférences. Il aimait communiquer avec les gens. Et le nombre de fois où il m'a dit : « Qu'est-ce que tu penses ? Qui pourrait-on voir de sérieux ? Quelqu'un à qui je pourrais me confier et qui ne déformerait pas mes paroles. » Et au moment où il s'apprêtait à passer la rampe, il y avait un imbécile qui commettait un impair. À la fin, il ne pouvait plus le leur pardonner.

De là à dire qu'il ne voulait pas qu'on parle de lui, il y a un pas. Ce serait d'ailleurs une aberration. Est-ce qu'on passe trente ans de sa vie à essayer de faire comprendre deux, trois choses aux gens pour se cloîtrer subitement dans un mutisme sans bornes ? Aux Marquises, il continuait à essayer, il continuait à dialoguer. Mais il n'avait plus la force de supporter l'ennui de l'Europe ; il était arrivé à bout de patience. Je n'ai jamais vu quelqu'un passer près de lui sans qu'il ait quelque chose à raconter. Il parlait à tout le monde également. Il fallait qu'il communique, il le fallait. Qu'on parle de lui au contraire, qu'on en parle, mais comme on parle d'un homme et non pas d'un produit commercial. C'est tellement hors de propos.

À Hiva-Oa, il se sentait pratiquement responsable de l'opinion que pourraient garder les gens de leur visite de l'île. Combien de fois les a-t-il promenés à travers le pays ? Il avait mal sur ces pistes défoncées. Chaque tour de roue de la voiture ravivait ses douleurs. Mais je l'entends encore leur dire : « Regardez comme c'est beau ! Mais plus loin vous verrez c'est encore plus extraordinaire ! » Et il continuait.

Quand on traçait la piste qui devait aller jusqu'à l'extrémité sud de l'île, il me disait : « Viens, allons voir les ouvriers, ça les changera de voir du monde. »

Un jour, une équipe de FR3 vint tourner un reportage aux Marquises ; le hasard voulut que le réalisateur soit un de mes camarades et Jacques ne négligea rien pour que toute l'équipe se sente à l'aise. Ils étaient souvent à notre table et Jacques donnait toute la mesure de ses talents de cuisinier. C'étaient des truffes en papillote, des coquilles Saint-Jacques, que sais-je encore... ? Enfin, des tas de jolies choses.

Pour le tournage, il avait planifié les journées, organisé des rencontres, et il en fit autant pour les deux autres équipes qui suivirent.

On ne peut pas dire qu'il se cachait. Il ne voulait tout simplement pas qu'on le photographie pour découvrir ensuite des titres plus ou moins décents à côté de son image. Il ne s'était jamais prêté à des publicités tapageuses.

Mais je me tais, car un pilote lui pose une question.

« Vous les avez trouvées comment, les Marquises ?

– Pas en cherchant dans les petites annonces ! D'abord c'était une escale après cinquante-neuf jours de traversée. Nous avons fait Panama Hiva-Oa direct. Les autres passent par les Galapagos. Les Galapagos ne me tentaient pas. Il fallait demander des autorisations à des gars en costumes de scène et subir leurs humeurs, leur parti pris. Je n'aime pas les pays où les régimes sont totalitaires. Je les évite soigneusement.

« Ces pays où on vous force à penser comme ils ont décidé, où il y a l'exploitation de l'homme par l'homme. Non. Les autres y vont parce qu'ils aiment plonger et tuer les tortues. Il y en a énormément là-bas. Je ne connais pas personnellement les tortues, mais je n'ai pas du tout envie de les tuer. Et je n'avais pas non plus envie de faire cette route semi-directe.

« Il faut pour cela descendre de Panama au moteur pour éviter le pot au noir (zone de calme excessif), on se dirige sur les Galapagos ; ceux qui y vont tuent quelques bêtes et puis, ils ramassent les alizés qui glandent par-là. À ce moment-là ils sont entre deux et demi et trois de latitude sud, et ils se dirigent vers les Marquises, les Tuamotu, puis Tahiti. J'ai choisi d'aller directement aux Marquises mais je suis tombé dans le pot au noir. Nous sommes restés dix-sept ou dix-huit jours sur place, sans un souffle de vent. Notre bateau était lourd, il nous fallait bien douze nœuds pour qu'il respire un peu. Là, rien ne se passait. Les voiles faseyaient, il a fallu les amener pour qu'elles ne fatiguent pas, et attendre que le vent veuille bien nous prendre en considération.

«J'avais un canari à bord qui s'appelait César. Il est mort; alors on lui a fait des funérailles nationales, c'est-à-dire qu'on l'a jeté à la mer.

«J'ai noté le point sur la carte et cinq jours après nous repassions au même endroit. Nous n'avancions qu'avec les courants. Nous sommes passés au sud des îles Cocos et après cinquante-neuf jours, nous sommes arrivés aux Marquises, à Hiva-Oa.

– Cinquante-neuf jours, c'est deux mois, ça fait long, non?

– Je m'empresse de dire que s'il fallait rester trois ou quatre mois en mer, à partir du moment où on a des vivres, ça ne m'effraierait pas. Ce sont, à mon avis, les ports qui sont le plus long en bateau. Nous avons trouvé ces îles belles. Le mouillage était très mauvais, le ravitaillement tout à fait rudimentaire, assez minable même. Une phrase me laissait songeur : les popas (Blancs) de l'île nous disaient, comme pour nous encourager, que le ravitaillement vers Tahiti, les îles Sous-le-Vent, était tout à fait organisé, que ce serait mieux pour nous. J'ai donc pensé que cela allait être pire, puisque qui dit ravitaillement dit population; donc il allait y avoir du monde et d'autres choses comme ça... Sauf les atolls, qui sont d'ailleurs ravissants, mais il n'y a pas d'eau. Et vivre sans eau c'est embêtant. Il y a une nappe d'eau sous le sable qui forme une lentille et cette eau doit être extraite avec beaucoup de précautions car si on la trouble, c'est-à-dire qu'on la mélange à l'eau de mer, il faut quarante ans pour qu'elle redevienne douce. Cela s'explique, l'eau salée a une plus forte densité et se trouve donc au fond, tandis que l'eau douce monte. Si on n'y prend pas garde, les particules d'eau salée restent en suspension et mettent tout ce temps pour complètement se poser dans le fond de cette cavité. Voilà. Je ne sais pas si je me fais bien comprendre.

« Hiva-Oa aux Marquises est une étape dans le tour du monde ; ce que je voulais dire tout à l'heure en parlant des petites annonces, c'est que lorsque l'on entreprend un voyage comme celui-ci, on lit tout ce qui s'y rapporte, sans quoi on se retrouve dans le canal Saint-Martin. On a les *Instructions nautiques* qui sont des livres continuellement mis à jour, qui renseignent sur ce qu'on va trouver et tous les navigateurs ou presque ont ces livres-là. On sait où se fait la douane, on sait à peu près si on va trouver du ravitaillement, cette fois je parle fuel, eau. Ce sont des livres, à mon avis, très importants et très utiles.

– Et vous avez décidé de rester là, comme ça, parce que ça vous plaisait ?

– Pas tout de suite. Au début c'était une escale comme une autre. On s'est dit qu'on allait souffler un peu. Mais nous nous sommes aperçus que nous étions plus souvent en train de régler des problèmes de rouille et de machines que de s'occuper à rêver, à respirer l'air de la mer, à tout bêtement regarder les oiseaux voler. Et toujours avec cette loi des séries qui fait qu'un ennui ne vient jamais seul, il nous arriva de tordre nos ancres, de prendre un bout dans l'hélice, que sais-je encore ! Il nous tardait donc de compter nos joies.

« Une décision se mûrit. Nous n'avions pas encore vu le reste de la Polynésie. Nous connaissions les Marquises, mais nous ne connaissions que l'île de Tahiti. J'ai donc voulu visiter les îles du Vent, les îles Sous-le-Vent, et nous sommes partis en avion à la recherche d'un coin à aimer. Et bizarrement nous nous sommes aperçus que c'était aux Marquises que nous étions le mieux. Il y régnait une paix formidable que nous n'avons pas trouvée ailleurs. J'ai l'air d'exagérer avec ma paix, mais c'était et c'est toujours mon sentiment. J'ai la paix. Je suis en paix.

« On n'a pas l'électricité la nuit, mais on vit admirablement au pétrole. Il y a des tas de choses qu'il n'y a pas, mais on s'aperçoit que ces choses ne servent jamais à rien. Il n'y a pas la télévision, on s'en porte très bien. On lit beaucoup plus, on parle beaucoup plus, on rit beaucoup plus, puisqu'on est obligé de faire soi-même ce qu'éventuellement quelqu'un, un jour, peut faire à la télévision pour vous. Et Dieu sait que c'est rare. Alors on se le fait soi-même. On fait le couillon.

« On apprend à anticiper. Il faut prévoir qu'il va manquer du riz. C'est une habitude à prendre. Si on veut quelque chose en décembre, on le commande en août. Ce n'est pas plus compliqué.

« J'ai mon gros poste de radio qui capte le monde entier. Je reçois épisodiquement l'émetteur de Papeete qui croit être un gros émetteur. Cela me donne un journal de six à sept minutes, j'ai chronométré, on sait s'il y a la guerre ou pas.

« À part ça, on remplit nos journées à vivre. Vous, à Papeete, vous avez l'ennui de la ville, mais aucun de ses avantages. Nous, ici, on vit ! Il faut du temps pour tout et on prend du temps pour tout. Par exemple notre voiture est en panne. Comme il n'y a pas de garagiste, il faut trouver un gars qui connaît, qui veut bien... Il n'y a pas de station essence, on met une demi-journée pour faire le plein.

« Il n'y a pas de restaurant, alors je fais la cuisine. Sauf le poulet à la belge qui est une spécialité de la Doudou. Aujourd'hui, au menu, vous avez râble de lièvre et diverses petites purées. Ça vous va ?

« Il y en a qui bricolent, moi je fais la cuisine. Je ne pense strictement à rien en faisait la cuisine. En ce moment, par force, il y a les chansons qui me remplissent la tête, mais autrement je ne pense à rien et j'essaie de bien faire.

« En plus, ici, c'est excitant d'essayer de faire de la bonne cuisine parce qu'il n'y a rien du tout. Les viandes congelées de Nouvelle-Zélande arrivent à Tahiti et nous sont réexpédiées par les goélettes et les herbes sont inexistantes. J'ai apporté du persil que j'ai planté, mon gars n'avait jamais vu ça.

« J'ai mon petit jardin ici sur la terrasse. En ce moment, je me bats comme un fou pour l'oseille. Je voudrais pouvoir faire un saumon à l'oseille avec l'oseille de mon jardin. J'ai déjà potassé la recette.

– Comment t'est venu cet amour de la cuisine ?

– Je me suis toujours intéressé à la cuisine, mais je ne la faisais pas. Et puis sur le bateau il fallait faire à manger, après j'y ai pris goût. Sur un bateau c'est encore un peu plus pointu parce que ça bouge et je mettais un point d'honneur à ne pas ouvrir de boîtes. J'ai donc étudié sérieusement dans différents livres et je peux dire que je fais vraiment la cuisine, parce que je fais tous les repas, tous les jours.

« Quelquefois ce sont des plats qui demandent quatre à cinq heures de préparation. Je fais le poulet à la Néva, la soupe du Président de Bocuse. Nous la faisons à deux car cela demande beaucoup de travail, il faut tout coordonner. Je fais tout ce qui est cuisine, elle fait tout ce qui est pâtisserie, boulange. C'est assez amusant ! Le poulet à la Néva est plutôt une pièce de traiteur maintenant ; c'était très à la mode au début du siècle. Cela se fait avec un chaud-froid de poulet, c'est la partie la plus délicate. Quant à la soupe du Président, c'est assez sublime. C'est un bouillon fait avec un matignon de légumes, auquel on rajoute des truffes et du foie gras coupés en morceaux ; on met ce bouillon dans un bol que l'on recouvre d'une pâte feuilletée, on passe au four, on attend que la pâte feuilletée soit bien gonflée au-dessus du bol et qu'elle soit bien dorée, on retire du four, on sert. On casse la pâte feuilletée qui tombe dans le bouillon : c'est un délice et je fais cela aux Marquises. J'ai schématisé la recette, mais c'est de cet ordre-là. C'est joli, c'est bon et on s'amuse bien à faire ça. Voilà encore un luxe.

« On ne peut pas se servir des produits locaux, car pour avoir un morceau de viande, il faut aller à la chasse dans la montagne. Les Marquisiens partent le vendredi soir à cheval avec une dizaine de chiens auxquels ils n'ont rien donné à manger de la semaine, ça fait une meute affamée.

« Ils chassent le bœuf, le cochon, la chèvre, le mouton car tous ces animaux vivent à l'état sauvage dans les montagnes. Cette chasse peut durer deux ou trois jours. Il arrive que par manque d'eau ils boivent le sang de l'animal tué. Souvent il est impossible d'aller à cheval jusque sur le lieu de la chasse, alors ils descendent l'animal à dos d'homme. Ils vivent encore rudement.

« La pêche se pratique aussi de façon utilitaire. Pour ma part, j'ai horreur de pêcher et sur le bateau j'interdisais que l'on pêche. La Doudou a appris à pêcher juste pour la survie. C'est tout. Par chance nous n'en avons jamais eu besoin. Et puis en bateau on pêche beaucoup moins de poissons qu'on croit. J'ai horreur de tout ce qui est chasse ou pêche... »

« ... Le bateau nous a permis de venir jusque-là. Nous n'y serions pas venus en avion. Cela dit, je ne pousserai personne à partir en bateau.

« Si les gens partent pour combler un manque, ils ne combleront rien du tout. En bateau, un type qui part malheureux revient très malheureux. Je peux me tromper mais je crois cela.

« Quand on va à Paris, les gens nous demandent : " Mais qu'est-ce que vous pouvez donc faire toute la journée aux Marquises ? " On vit. On est occupé toute la journée à vivre sa journée. On écoute de la musique classique en permanence. La Doudou fait de longues bandes qui durent deux ou trois heures, moi je n'ai pas cette patience-là. Je choisis les titres et l'ordre. Et on passe cette musique toute la journée.

Maintenant vous écoutez les « Schubertiades ». Il prit dans le classeur « Schubert » la petite liste qu'il avait faite et lut :

– Quintette en ut majeur
– Inachevée (par Karajan)
– Schubertiades (que vous entendez)
– Neuvième symphonie, premier et deuxième mouvement
– etc. »

Jacques se mit en cuisine tout en continuant à satisfaire à l'interrogatoire de nos camarades.

« On peut te demander d'où vous êtes partis ? » fit l'un d'eux, un peu gêné de s'entendre poser tant de questions. Jacques répondait déjà...

Mais avant de lui prêter attention, je dois vous dire comment il m'a demandé de l'accompagner.

Il parlait de voyage, il parlait de partir. Pour s'y préparer, il avait fait la traversée de l'Atlantique sur un bateau-école.

Maintenant, il se cherchait un bateau. Cela se précisait.

Alors un jour, il mit longtemps, longtemps pour me dire : « Viens un peu par là. Assieds-toi. Je vais partir de là, dit-il, me montrant l'emplacement de la Méditerranée sur la carte du monde qu'il avait dessinée sur l'envers du papier argent de son paquet de cigarettes. Puis, Gibraltar, les Canaries, l'Amérique du Sud, le cap Horn, l'île de Pâques, le Pacifique, Tahiti, les Fidji, les Seychelles, la mer Rouge où l'on trouve encore des bandits, ajouta-t-il comme pour marquer l'aventure, le canal de Suez, puisqu'il est ouvert, et de nouveau la Méditerranée. »

Il marqua un temps. « Est-ce que tu veux le faire avec moi ?

– Oh oui ! Oh oui !

C'est tout ce que je pouvais dire.

– Tu veux bien ? C'est vrai ? Tu veux bien ? On va découvrir d'autres hommes.

« Alors voilà, ça va durer cinq ans cette affaire-là. J'ai fait mes calculs, après je n'aurai plus un sou. Ça ne te fait pas peur ?

– Non, on trouvera toujours un bol de soupe.

– On aura repéré un coin et, si tu veux bien encore de moi, on ira y vivre. Je chanterai avec ma guitare et toi tu danseras et on fera la manche. Tu veux bien ? »

Et alors nous sommes partis d'Anvers, mais je laisse la parole à Jacques :

« Nous sommes partis d'Anvers, de la Belgique, mais tout à fait par hasard. Après avoir cherché en France, après avoir fréquenté tous les salons d'Europe, celui de Düsseldorf entre autres, j'avais trouvé à acheter le bateau à Anvers. Le hasard a voulu que je trouve un bateau flamand, et le propriétaire ne consentit à me le vendre qu'après lui avoir donné ma parole de ne pas rester au port.

« Il voulait que son bateau navigue. C'était un superbe voilier et il n'avait fait que du moteur. Ce bateau me plut d'emblée. ASKOY-R.Y.C.B. ANTWERPEN. Il a fait le boulot ! J'ai mis cinq mois à préparer le bateau. »

Au sujet du bateau, Jacques m'écrivait alors :

« ... Je vais en Hollande pour les voiles.
Doucement, lentement j'entre dans *Askoy* pour
en découvrir les secrets et les rêves, pour tenter
de comprendre ce qu'il me répondra lorsque
je lui demanderai quelque chose.
C'est fou ce que le bateau peut demander comme
papiers ! Alors c'est le grand cirque : ministère,
banques, inscription maritime, P.T.T. pour la radio,
assurances, et j'en passe.
Plus les cours. Bref, tous les matins debout
à six heures et le soir au lit à neuf heures
J'ai hâte que le bateau soit à l'eau
Tout alors sera plus facile, plus évident...

... Ici, temps médiocre et froid et pluie et tout et tout.
Le travail avance (plus que vingt-deux cours !)
et le bateau commence à ressembler à un bateau.

Conan casse beaucoup donc il est heureux.
Heureusement que je n'ai pas un bateau en bois.

... L'écluse est ouverte et *Askoy* bouge un peu c'est bon
... Et le bateau est beau et on va partir...
La nuit je rêve de voyages et de coins paisibles
pour s'aimer et se regarder sans rien avoir à se dire.
C'est pour dans pas longtemps.
Ah aussi ! J'ai un fusil, un gros pour faire peur
Et ça marche, car en effet il me fait très peur.
... Bon, j'ai un accordéon ! Voilà autre chose !

... Voilà le petit journal de bord de l'*Askoy*
ça tourne bien et le capitaine est très amoureux
le bateau commence à frémir et je crois bien qu'il croit bien
qu'il a un peu envie de partir.
Je lui dis de rester calme et sage mais
il me fait tout de même un peu la tête... »

Une coupe de champagne et Jacques, inépuisable : « J'allais donc à l'école d'Ostende. Tous les cours étaient en flamand bien sûr puisque chez nous la mer est en Flandre, c'est tellement plus facile. Quand on parlait français, on entendait immanquablement : " Speek frams. " Moi je parlais français, j'étais très mal vu. Ce qui me faisait rire, c'est qu'ils n'avaient pas tous les mots pour désigner l'armement d'un bateau. Ils étaient obligés de piocher dans le vocabulaire français. Ils n'ont quand même pas tout inventé. « Quand ils m'interrogeaient, c'était très drôle. »

Et voilà Jacques parti dans un numéro en flamand, disons, pour être plus juste, néerlandais.

« Monsieur Brel alstublieft

« Mijnheer Brel, niet waar, kunt u me zeggen, hoelang de staart van de kie zou ziun, als we deze in het warm water zonden dopen ? Onhvikkel het onderwen... (Ce qui veut dire : " Monsieur Brel n'est-ce pas, pouvez-vous me dire quelle est la longueur de la queue de la vache quand on la trempe dans l'eau chaude ? Développez le sujet... ")

« Je suis sorti de cette école avec soixante-quinze pour cent des points. J'avais mis trois mois, d'autres mettent trois ans ou plus.

Après il a fallu apprendre à manœuvrer le bateau. Nous étions dans un port fermé par une écluse, c'était la marée haute qui décidait de nos va-et-vient.

« La première fois qu'il a fallu bouger ce bateau, j'avais un trac fou. Pire qu'à l'Olympia. Je ne voulais pas merder, car tous les Flamands me regardaient. Je ne voulais pas leur offrir cette joie. Je les entendais d'ici : " Brel, dit le chanteur, mais pour qui il se prend, dis ? »

« Il y avait un seul type, un seul qui m'avait adressé la parole. Il m'a abordé ainsi : " Je vois qu'on ne vous dit pas bonjour. " Tout ça en flamand, je précise. Il m'a serré la main chaleureusement et il a ajouté : " C'est parce que vous êtes ouvrier comme moi. " Il était tellement content d'avoir trouvé un gars comme lui que je ne l'ai pas détrompé. Je lui ai offert une baume que j'avais en sécurité et qui lui manquait. Il n'a pas compris ce qui lui arrivait. Il m'avait invité à visiter son bateau qu'il armait pour ramener sa femme vietnamienne dans son pays. Le bateau était une petite chose minuscule du gabarit de sa femme. C'était attendrissant. Je me disais, faut-il qu'il en ait envie !...

« L'inconvénient en bateau c'est que ça ne s'arrête jamais. On fait des listes, on barre en haut mais il y a toujours quelque chose qui se rajoute en bas. L'avantage en avion, le gros avantage, tu poses, tu coupes les moteurs et c'est fini, tu vas te coucher. En bateau, ça n'est jamais fini.

« Le ravitaillement ! vital, le ravitaillement. Il ne faut pas non plus oublier les allumettes. *Askoy* était grand et on pouvait y loger six mois de vivres.

« Parlez-lui des rangements », dit-il, se moquant gentiment de moi.

Un jour, Jacques s'était trompé dans les commandes et nous avions reçu dix fois trop de marchandises ; j'ai mis deux jours à trouver des emplacements pour chaque chose. Ce bateau avait énormément de ressources. Et je crois que nous n'avons jamais su toutes ses cachettes.

« L'état des montres, très très très important. Ça, c'est une de mes passions. Encore ici j'ai gardé les montres du bateau et je les règle à la seconde près. J'aime l'heure juste.

« Une montre dont tu ne connais pas l'état peut te mener où tu n'as pas envie d'aller. Les erreurs de trente secondes te mènent à trente milles de ta route. Ce n'est pas la porte à côté.

« J'ai donc étudié le bateau très sérieusement. Virement de bord, changement de voile, tenue de cap. J'ai appris à la Doudou tout ce que l'on m'avait appris, plus tout ce que je savais. J'ai horreur des types qui veulent garder tout leur savoir. J'estime que sur un bateau tout le monde doit savoir tout faire, c'est la sécurité. Et puis c'est tellement mieux de savoir de quoi l'autre parle.

« Dans la journée elle a su faire le point, ça n'est pas bien compliqué, il y a des livres pour ça.

« Il y a un exercice que l'on s'est offert, c'est remonter l'Escaut dans le brouillard. Il ne fallait pas se tromper. C'était pointu.

« J'adore ça. Je regardais ma montre et, compte tenu de la distance sur la carte et de notre vitesse, je calculais l'heure à laquelle nous devions apercevoir la bouée suivante, ou entendre la cloche qui la signalait. Je disais à onze ça doit y être, et ça marchait. Ça ne faisait de mal à personne et moi j'étais content. »

Il y avait des moments drôles dans toute cette sérieuse préparation. Jacques avait un numéro d'interrogation orale, qu'il faisait avec l'accent belge sur le nom de chaque pièce d'accastillage. Il posait les questions et je devais répondre vite sans hésiter. « On meurt de ne pas savoir », disait-il avec un fort accent bruxellois. Je pleurais de rire, mais il valait quand même mieux savoir, le connaissant. « Une drisse n'est pas un machin, petit con, vous me copierez cent fois une drisse ne se dit pas le machin là-bas. »

Enfin, le jour du vrai départ arriva. Nous étions cinq à bord. Le Capitaine, le Second, France la fille du Capitaine et deux marins. Mais en fait, nous étions cinq hommes d'équipage. Jacques le Capitaine racontait souvent l'histoire du plus vieux des marins. Cet homme faisait partie de l'équipage de l'ancien propriétaire. Jacques s'était arrangé pour qu'il reste à bord afin qu'il lui fasse mieux connaître le bateau, et surtout plus rapidement, au lieu de balbutier tout seul sur les vannes.

C'était un vieil Hollandais sec, sans folie. Mais Jacques raconte : « Le plus vieux m'a dit cette phrase superbe avec cet accent nasillard d'un Hollandais vivant à Anvers : " Monsieur Jacques, on tourne à gauche ? Ça je n'ai jamais fait. " Avec une pointe d'inquiétude dans la voix. Il n'avait jamais imaginé qu'on pouvait faire autre chose que de tourner à droite en sortant de l'Escaut. Il était franchement surpris. C'est seulement à ce moment-là qu'il s'est rendu compe de son inconscience d'avoir accepté de partir. Il s'arrangea pour quitter le bord au plus vite. »

Le départ était tout en nuances, tout en silence. Chacun accomplissait sa besogne sans trop oser parler, sans trop oser casser le temps.

On libéra *Askoy* de ses amarres. Nous étions tout près des arbres et des maisons au bout du port et il semblait comme au théâtre que les panneaux du décor glissaient derrière *Askoy*.

J'essayais de me souvenir de toutes mes impressions, parce que ces départs-là n'ont lieu qu'une fois. Ce ne sera jamais plus le même départ, ce ne sera jamais plus ce ciel bleu-gris à peine bleu, à peine gris, ce ne sera jamais plus cette lumière timide qui hésite encore à éclater, ce ne sera plus la même eau violette de mazout où les enfants insouciants venaient se jeter le dimanche. À mon air étonné de les voir se baigner dans ce liquide lourd de graisse, Jacques me dit : « Tu sais, ils n'ont rien d'autre. » C'était vrai. Moi, je pensais à l'eau claire des Antilles.

On partait, on allait. La manœuvre difficile était parfaite et on put lire une pointe d'admiration dans les yeux du vieux marin.

La marée haute était aux environs de 6 heures ce matin-là. Les portes de l'écluse s'ouvrirent et laissèrent passer *Askoy*, premier et semble-t-il dernier bateau de la journée à franchir l'écluse pour un si long voyage.

« J'avoue que j'étais très ému, leur dit Jacques. Ça fait quelque chose tout de même. Pour moi, j'allais à nouveau débuter. J'avais un trac fou. Je n'étais plus seul. J'étais heureux. »

Après un silence, il reprit : « Tout au début, je voulais passer par le Cap Horn, mais je me suis vite aperçu qu'*Askoy* n'était pas un bateau pour ça. C'était un fort beau bateau confortable, mais ça n'était pas ce que l'on peut appeler un fin voilier. À un moment donné, il faut choisir. Ce fut alors, après l'Angleterre, les Açores, Madère, les Canaries, les Antilles, le Venezuela, Panama et le Pacifique. »

Moi, je ne partais pas en bateau, je partais avec lui. Il promettait tant de tendresse, tant de jolies choses, que c'en était à peine croyable, à peine imaginable. J'avais certes une propension au bonheur, mais je ne savais pas que cela pouvait atteindre ces nuances-là. L'atmosphère se compose de différentes couches d'air et il me semble que le bonheur a aussi ses degrés. Nous étions perchés bien haut quand nous sommes partis et nous n'avons cessé de grimper. Mais le plus merveilleux était de le savoir.

La vie à bord était très organisée. Jacques avait désigné à chacun ses responsabilités. Il fallait que ce soit fait et une excuse n'était jamais une raison.

Je devais m'occuper de l'état des voiles, confectionner les pavillons de courtoisie et veiller à leur entretien et à leur utilisation, enlever la rouille, faire les peintures et les vernis. À la manœuvre, hisser et affaler les voiles et m'occuper du guindeau. Pour le quotidien, le déjeuner et le ravitaillement.

Notre Capitaine dirigeait la manœuvre, dormait peu, était de tous les quarts, s'occupait du dîner et de faire rire tout le monde.

Et quand nous ne fûmes que tous les deux, en plus de savoir à quoi correspondaient les diférents circuits électriques et hydrauliques, de quoi étaient faits les moteurs, il dut apprendre à tout réparer.

Les quarts étaient de six heures chacun. Et il n'était pas question de s'endormir à son poste. « On ne sait jamais, disait-il, peut-être que l'on peut croiser un gars qui aura besoin de nous. » Il ne comprenait pas ceux qui lui disaient : « Moi je ne veille pas, je mets le pilote automatique et je dors. » Cela lui semblait inadmissible.

Donc, pour suivre le programme, partant d'Anvers, nous nous dirigions vers l'Angleterre. Il faut à tout prix éviter les côtes françaises qui sont en pleine effervescence estivale.

De la Manche, il me reste le souvenir de ces immenses gerbes d'eau que je recevais en plein visage, pendant mes trois fois deux heures de quart, de la difficulté d'*Askoy* à remonter au vent à tel point qu'il nous arrivait de reculer. Comme ce jour où, fatigué d'essayer de quitter l'île de Wight, Jacques décida un cent quatre-vingts degrés qui nous ramena au mouillage.

Nous n'étions pas pressés et tout cela nous permettait de nous amariner.

Jacques s'occupait de nous faire aimer le bateau, de nous faire rêver. Sa grande joie était de susciter des envies et de les réaliser.

Quand il disait : « Choisis où tu veux aller, je t'emmène », il était heureux de pouvoir le dire, et comblé de pouvoir le faire.

Il aimait que l'on sache les choses et quand j'avais choisi un endroit, il me recommandait de chercher dans les *Instructions nautiques* les particularités de ce mouillage, me faisait tracer la route sur la carte et déterminer le cap à prendre. Et voilà une leçon de navigation. Il était difficile d'être imprécis.

Savoir reconnaître les amers, assurer ses observations.

« Il est tellement facile de voir ce que l'on veut qu'il soit », disait-il.

Alors nous voilà à l'entrée de cette rivière où il fallait prendre un alignement pour franchir la passe en toute sécurité. Une fois que l'on est engagé, on ne voit pas encore l'intérieur de la rivière. On avance, un quart à droite et voilà...

Je n'avais jamais vu autant de bateaux rassemblés. Il y en avait mille, il y en avait deux mille. Des gros, des grands, à bouchins vifs, en fer, en aluminium, en bois, en ferrociment. Monocoques, multicoques, youyous, canots. Ça grouillait. Envolée la poésie des rivières calmes et douces, des clapotis qui chantent la paix.

Le capitaine du port nous installa tout au fond, là où il restait un peu de place.

Nous devions nous approvisionner en fuel et en eau, mais voilà qu'*Askoy* était trop gros pour apponter. Il fallut tout faire par bidon de vingt litres. Quelle importance, le voyage ne faisait que commencer.

Les Cornouailles sont belles. Ce sont mes premières images souvenirs.

C'est vrai que la terre est belle vue de la mer, elle chante de jolies choses.

Quelquefois on trouvait cela tellement beau qu'on ne descendait pas. Nous ne voulions pas brouiller nos images. Nous les voulions intactes. C'était juste l'envie de regarder et d'être bien, d'être au tendre.

Les bons moments en bateau sont quand tout le monde dort. On est seul à la barre, seul responsable de ce qui peut arriver. Seul à veiller sur la vie des autres. On est tout petit sur l'océan, tout petit petit sur son bateau en dessous des étoiles, sur un rayon de lune, alors on se donne l'importance de protéger les autres.

Quand le bateau est bien calé, on peut se permettre de quitter la barre ; on se prend un livre, un verre de bière, on se niche dans son coin ; il y a toujours un coin où l'on est mieux qu'ailleurs, on jette un coup d'œil dehors toutes les dix minutes, on est bien. Ou si l'on veut, on se raconte des histoires, des histoires d'étoiles et de lune, des histoires de mer argentée. Des histoires où le temps s'arrête pour que dure le bonheur.

« J'aime quand tu dors, disait-il, parce que je veille sur tes rêves, et moi quand je vais dormir, je te confie ma vie. »

Quand, trop amoureux, on finissait par faire nos quarts ensemble, ou bien quand, le voyant trop fatigué, je lui grignotais un peu du sien, ils étaient là nos beaux moments.

« Tu sais la vie ça ne sert à rien, mais c'est beau. »

Continuant son histoire aux pilotes : « C'est pour cela que je te dis qu'en bateau il faut être heureux pour partir. Autrement il devient un château hanté de mille bruits désagréables et lancinants, et longs. Plus humide que les prisons, on vit alors dans une soupe infecte et collante, navrante. Un bateau n'est pas grand, il devient minuscule. Il n'est pas fatigant, il devient harassant, c'est le bagne. Il n'est pas facile d'y faire bien à manger, cela devient tout de suite impossible. Le bateau est un outil philosophique, rien de plus. »

L'Angleterre a de belles îles, les Scilly, au sud-ouest ; on peut y croiser des phoques sous des palmiers. C'est assez surprenant.

Jacques enchaîna : « Nous y avons fait la connaissance du Père Jaouen qui s'occupe des drogués. Il les promène sur un trois-mâts qui se nomme *Le Bel Espoir.* Ces jeunes sont complètement perdus. Il essaie de les aider et c'est méritoire. Ce n'est pas facile, il lui arrive des aventures parfois. Il est quelquefois obligé de lever l'ancre sans demander son reste. Les drogués se reniflent, sans jeu de mots. Ils dépensent une énergie folle à chercher des astuces pour se procurer de la drogue, ou pour trouver des cachettes. On aurait envie qu'ils l'utilisent ne serait-ce qu'à vivre. Je crois que ce serait mieux, mais sans doute suis-je mauvais juge. C'est un problème gigantesque... Il a quand même quelques succès, dix pour cent, nous a-t-il confié.

« La drogue, pour moi, est une chose épouvantable. Je n'en ai jamais goûté et je n'en ai pas envie. Les drogués sont des gens que je ne saisis pas bien. Ils croient pouvoir soigner leur maladie avec des excitants. Ils croient calmer une douleur, à mon avis c'est " l'emmerdement ". Il me semble que ce n'est pas le bon remède. Mais je ne sais pas tout. Ils trouvent que ça n'est pas grave de prendre une cigarette de haschich. C'est fort possible.

« On dit même que c'est moins nocif que le tabac. Seulement voilà, c'est qu'ils ne s'arrêtent pas là. Ça ne suffit pas, ça ne suffit plus du tout. À la fin ils ne savent plus comment ils ont commencé. Je ne peux pas bien en parler, c'est une chose qui m'échappe. Je trouve cela abominable qu'on puisse se détruire ainsi. Il semblerait que l'on n'ait pas encore trouvé le moyen efficace pour supprimer cela. Surtout pour faire que les hommes n'en aient plus besoin. On est tout à fait impuissant devant un drogué. Je n'en ai pas connu beaucoup, mais au moins deux, et j'ai essayé d'avoir des conversations logiques, c'est devenu tout de suite impossible. Les bras m'en tombent, je ne sais pas quoi faire devant ce phénomène-là. C'est un monde qui me fait peur. C'est un monde que je n'ai jamais voulu pénétrer et qui ne m'intéresse pas du tout.

« Je connais des exemples de musiciens qui vont fumer dans un coin et qui reviennent pour jouer et ils pensent qu'ils jouent comme des dieux. Moi je trouve qu'ils jouent comme de la merde.

« Ce sont des vaincus, ils prouvent qu'ils ne peuvent pas s'exécuter normalement. Alors qu'ils fassent autre chose.

« Ils trichent. Et moi je n'aime pas les tricheurs. Je veux bien qu'ils trichent pour les autres, mais eux, quel ennui, quelle tristesse. Ils doivent s'embêter comme des rats. Le type, dans sa clarinette, joue les notes de quelqu'un d'autre. Il joue du pavot. Il croit qu'il est en fa dièse et il joue du pavot bécarre. Alors ça ne m'intéresse pas du tout. Pour lui cela doit être effroyable. Je n'ai pas à juger ces choses-là. Moi je n'en ai jamais eu envie. Peut-être que certains en ont besoin. Je dis bien peut-être, je n'en sais rien. Mais se droguer c'est vouloir être quelqu'un d'autre que soi. Alors il vaut mieux aller au cinéma voir un film de Tarzan. Je ne vois pas l'intérêt d'être quelqu'un d'autre que moi. Non pas que je me donne priorité et que je m'adore. Pas du tout. Mais si je ne peux plus me battre avec moi, alors je fais quoi ?... Me battre avec les autres ? Non, c'est plus fastidieux encore. J'aime mieux me battre avec moi que rêver avec les autres.

« Cela dit, je lui tire mon chapeau au Père Jaouen, parce que c'est extrêmement pointu que d'avoir à s'occuper de ces gens-là. »

Après être resté accroché à la chaîne mère du port de Sainte-Marie, après avoir vu notre ancre à vingt brasses devant nous, après avoir coincé l'ancre sous le câble du téléphone à Petite Arthur, nous quittâmes l'Angleterre nantis de deux marins anglais, ceux qui nous avaient aidés à dégager notre ancre. Je leur apprenais le français de façon à parler des mêmes choses. Toujours la sécurité.

On se serait cru à la maternelle. Ça donnait : « Du vent, pas de vent. » Et on entendait : « Deu vent, pas deu vent. » Le mot foc les faisait crouler de rire, c'était tout à fait élémentaire. Mais Jacques raconte :

« C'était deux Anglais de Bristol, ils n'avaient jamais quitté l'Angleterre. À table, un jour, ils nous ont demandé (je dois dire que nous nous dirigions vers les Açores venant des côtes sud-ouest de l'Angleterre) : " Quand allons-nous quitter la Méditerranée ? " Mon anglais n'était que rudimentaire, je leur demandais de répéter, mais cette fois, slowly, très slowly. J'avais bien compris. Ensuite ils se sont approchés de ma table à carte. J'adore qu'on s'intéresse aux choses et j'étais tout prêt à les renseigner. Le plus jeune me dit, regardant à gauche du planisphère : " Ça, c'est l'Australie ? " Je lui réponds oui, il se tourne vers la droite de la carte et demande encore : " Et ça, c'est l'Australie ? " Je redis oui. Visiblement il ne comprenait pas et ils commencèrent à vouloir débarquer.

« Il y a des livres à écrire sur les équipiers en bateau. Ce ne sont pas les meilleurs moments. C'est terrifiant. Il faut dire aussi que je dois attirer cette sorte de personnages. »

Le repas était prêt, et Jacques, ayant horreur que l'on mange froid, nous pria de commencer, tandis qu'il attendait notre appréciation. De la cuisine il criait : « C'est bon ? » Tranquillisé par la réponse, il vint nous rejoindre. Il était soulagé. Il avait toujours un trac fou à chaque fois. Il voulait ne pas s'être trompé, il voulait que les gens aient une réelle joie à savourer sa cuisine. Le vin avait été choisi et rafraîchi, pas trop, sous ces latitudes il le supporte bien.

« C'est bon ! reprit-il, alors tant mieux ! »

On lui fit quelques beaux compliments, et il enchaîna sur d'autres détails de voyage.

Moi, je me souvenais de ma première grande traversée, onze jours pour atteindre Horta. Après cela, le bateau n'est plus un étranger. Finalement les journées en mer fournissent leurs occupations ; elles passent et vous mènent au lendemain. Et de lendemain en lendemain, elles vous font courir vers la terre droit devant.

Nous avons frappé les aussières à 8 heures du matin, ce lundi 2 septembre 1974. À Paris, au même moment, l'ami Jojo mourait dans une clinique. Jacques se rappelait.

« Quelquefois, il y a de ces coïncidences !... »

« Les liaisons entre les îles et le continent étaient laborieuses et rares et recherchées, il n'y avait de places que sur le pont. J'ai mis quatre jours pour rejoindre Paris.

Le plus extraordinaire, c'est qu'à mon retour, c'était moi qui n'allais pas bien. La vie est ainsi faite !... »

Une nouvelle vie commence…
Jacques découvre les îles Marquises, dont il apprécie la paix et la douceur.

J'avais toujours rêvé d'être artiste. 1973, un de mes plus beaux souvenirs dans la compagnie de théâtre Renaud-Barrault. Partenaire de Geneviève Page dans *Sous le vent des îles Baléares*, la quatrième journée du *Soulier de Satin* de Claudel, j'eus la chance de côtoyer de grands comédiens.

La transformation m'a toujours amusée. Ici en Joséphine Baker pour une émission de variétés de Jean-Christophe Averty.

Moment de détente et danse endiablée après le spectacle avec Claude François en 1969, à Milan, lors d'une tournée en Italie. Il m'avait désignée capitaine des Clodettes. Son énergie débordante n'était pas une légende.

© Films 13

C'est à Antigua en 1971, sur le tournage de *L'Aventure, c'est l'aventure*, de Claude Lelouch, que j'ai rencontré Jacques Brel. Je sus tout de suite que ma vie allait en être changée. Sur le tournage, la connivence entre les cinq acteurs, Charles Denner, Jacques, Aldo Maccione, Lino Ventura et Charles Gérard faisait plaisir à voir. Leur enthousiasme a beaucoup fait pour le film. Entre Jacques et Lino, une grande amitié était en train de naître. Trois ans plus tard, Jacques m'emmenait dans sa vie.

Georges Pasquier, « L'ami Jojo ». Il fut le fidèle secrétaire de Jacques et surtout son ami le plus proche, son frère de cœur. Dans son dernier disque, Jacques devait lui dédier une chanson, *Jojo* :

Jojo,
Je ne rentre plus nulle part
Je m'habille de nos rêves
Orphelin jusqu'aux lèvres
Mais heureux de savoir
Que je te viens déjà
Six pieds sous terre Jojo
tu n'es pas mort
Six pieds sous terre Jojo
je t'aime encore.

© Maddly Bamy

Voler était la grande passion de Jacques. Dans ces îles isolées, il retrouvait l'ambiance des débuts de l'aviation, des défis de la Postale, de Saint-Exupéry. Il n'a jamais renoncé à piloter son avion *Jojo*. Il adorait les défis.

Ci-dessus. Vue des Marquises, depuis l'île d'Hiva-Oa où nous vivions. L'archipel était peu accessible. Deux pistes d'aviation en tout et pour tout, un terrain accidenté. C'est précisément ce qui nous décida à rester dans cette île, heureux et loin du monde.

À gauche. L'*Askoy*, le bateau qui nous a conduits jusqu'aux Marquises. Il fut notre maison pendant deux ans et demi. Jacques l'avait acheté à Anvers et avait passé des mois à le préparer pour la grande traversée.

© Maddly Bamy

Ci-dessus. Après son opération, Jacques reprend des forces et commence à apprécier la vie de marin.

À droite. Jacques le Capitaine, concentré à la barre de l'*Askoy*. Il se sentait responsable de son équipage, heureux et fier d'avoir charge d'âmes.

Ci-dessous. Aux Antilles, examen de passage sur un bateau de location. Jacques m'observait gentiment : pas question d'avoir le mal de mer ni de lâcher la barre. Je devais être à la hauteur pour seconder le Capitaine.

© Maddly Bamy

© Maddly Bamy

Notre maison dans le village d'Atuona. Jacques venait de recevoir son orgue électronique : il y avait toujours de la chanson dans l'air.

© Maddly Bamy

© Maddly Bamy

Moment d'intimité capturé par ma mère Madou, dans la douceur du soir marquisien.

« Aéroport international de Ua-Pou » ! La piste étant difficile, Jacques mettait un point d'honneur à y venir régulièrement pour porter le courrier. Dans cet endroit déserté par les pilotes, chaque atterrissage était un pari.

© Maddly Bamy

© Maddly Bamy

1977. Nous revenons de Paris où Jacques vient d'enregistrer son dernier disque, qui lui a demandé beaucoup d'efforts. Il ne veut plus qu'une chose : retrouver la sérénité.

© Maddly Bamy

Retour aux Marquises, chez nous. Jacques souffre de plus en plus de sa maladie. Mais les moments de répit qu'elle lui laisse lui permettent de se détendre dans la piscine. Coiffé de son Eden sous une légère averse, il sourit encore à la vie : salut l'artiste !

Pour nos dernières photos souvenirs, prises à la clinique à Paris,
Jacques avait fait expédier notre appareil photo depuis les Marquises.
Il y tenait plus que tout, il voulait que ces photos soient les nôtres,
intimes images du bonheur en dépit de la maladie.
C'était sa façon à lui de rester près de moi, quoi qu'il arrive… Il a réussi.

Les esprits vagabondèrent un instant sur ce point de vie, mais Jacques se souvenait d'un rire qu'il avait eu là-bas.

« À Horta, on m'a raconté une histoire que je trouve drôle. Salazar est mort des suites d'une chute qu'il avait faite de sa chaise, se fracturant le col du fémur, et les Espagnols ont demandé aux Portugais : " Dites, vous ne pourriez pas nous prêter la chaise, pour Franco ? " »

De Funchal, dans l'île de Madère, je ne me souviens que du bruit qui nous a accueillis. Est-ce le silence de la mer qui maintenant me devenait plus familier ? Je crus que mes tympans allaient éclater. C'était assourdissant. Il n'y avait que des touristes. Impossible d'imaginer ce que pouvaient être ces gens-là. Ils étaient « entouristisés ». Ils parlaient anglais pour la plupart ; on avait du mal à les surprendre à parler leur langue. Nous ne sommes pas restés.

La fatigue aussi commençait à être plus tenace dans le corps de Jacques. Les maux de tête qui avaient débuté à Horta ne cessaient pas. Aux Canaries, où nous étions arrivés, nous décidâmes d'aller nous reposer à la montagne. On dit que le repos du marin est en altitude. Nous allions voir !

Le Teid lançait sa pointe jusqu'à trois mille sept cents mètres d'altitude et avait vu pousser un hôtel à trois mille mètres. Jacques était anéanti, et l'air de la montagne n'y faisait rien, au contraire ; nous étions bien trop haut et l'air, pur peut-être, mais plus rare, le privait d'une bonne oxygénation. Nous avons bien essayé de nous promener pour prendre l'air, comme on dit, mais l'air ne se laissait pas prendre et Jacques était de plus en plus essoufflé. Trois jours dans ce désert, c'était trois jours de trop. Jacques a décrit ce qu'il ressentit en descendant : « Je croyais étouffer, puis tout d'un coup je fus saisi par une douleur atroce, fulgurante, au niveau du cœur. J'ai porté mes mains à ma poitrine comme pour le contenir, je ne pouvais plus bouger, je ne pouvais plus parler. C'était atroce, je ne le souhaite à personne, pas même à mes ennemis. Et cette impression de mourir, de finir. Tout doucement cela se calma, je soufflai, je pus parler. Je demandai qu'on descendît doucement.

« Dans la plaine je fis encore arrêter la voiture pour marcher un peu, pour être debout. Et nous regagnâmes le bateau. À ce moment-là, je n'étais pas décidé à aller chez un docteur, mais la nuit je fus troublé par cet incident. Au matin je demandai qu'on me conduise à la clinique.

« Pour moi c'était le cœur. J'allais faire faire un électrocardiogramme, et l'on serait fixé.

« D'abord si vous êtes malade, fuyez les Canaries ; à éviter soigneusement. Ce n'était pas le cœur. On me fit donc une radio. Le radiologue me regarda et me dit : " Vous êtes en bateau ? " Je dis oui. " Alors le bateau, c'est fini. " Le lendemain, arrive le toubib avec les radios, je suis allongé sur le lit, il me dit en les posant sur moi : " Ou c'est la tuberculose, ou c'est une pneumonie, ou c'est le cancer. " Je dois dire qu'ils sont très délicats par là-bas. Ça fait un bien fou.

« Nous nous sommes regardés tous les deux, je crois qu'elle était verte. Elle m'a pris la main et a regardé le médecin comme s'il disait des inepties. Il allait sûrement devenir sérieux et dire pour de bon ce qu'avait vraiment son bonhomme.

« Nous dormions tous les deux à la clinique. Toutes les heures des bonnes sœurs venaient me piquer les fesses, oui j'ai oublié de vous dire qu'en plus cette clinique était tenue par des sœurs. À minuit, elles m'en donnaient une qui me faisait l'impression que le plafond descendait sur moi ou que j'allais le rejoindre. Impossible de faire dire à ces rosses ce qu'elles me foutaient dans le cul.

« Après le beau programme que m'annonçait le docteur, je demandai qu'on me laisse seul. Il fallait que je réfléchisse ; je demandai à la Doudou de m'apporter en cachette de tout le monde le Larousse médical qui se trouvait à bord. J'ai cherché et j'ai trouvé que ça ne pouvait être que le cancer. Donc il fallait sortir de là, avant que ces gens ne m'attrapent pour de bon. J'ai pensé : " Il faut aller en Suisse, nous avons toujours été heureux en Suisse et puis là on me laissera en paix. " On ne me tapera pas sur le ventre et j'ai horreur que l'on m'appelle Jaco. Il n'y a qu'une personne qui m'appelle comme ça, faut-il que je l'aime : c'est Lino Ventura.

« En Suisse, on allait donc m'infirmer ou me confirmer ce diagnostic. J'ai trouvé le moyen de faire dire la vérité au médecin, je vous le donne. Eh bien ! quand on veut savoir, on dit qu'on doit partir dans les deux jours ; si c'est grave il vous empêche de partir et s'il vous empêche de partir il doit vous dire pourquoi. Voilà.

Moi, c'est ce que j'ai fait. Le premier test leur laissait un espoir mais c'est, je pense, dû au fait qu'ils ne voulaient pas y croire. Il fallait attendre les résultats du second, dans les deux jours.

« Alors, nous sommes retournés sur le bateau qui devait aller au carénage. Comme je soupçonnais bien que ça n'était pas la rougeole, je me suis dit qu'il fallait fêter ça. Nous nous sommes mis, elle en robe longue, moi en smoking et nous avons bu du champagne avec des copains pour célébrer cela. »

C'était tout à fait extravagant. Le bateau était juché sur le ber, calé par de grosses poutres en bois, au milieu d'un désordre de bateaux en cale sèche. *Askoy* montrait son ventre énorme, indifférent. Nous avons ri, nous étions tendres, c'était particulier. Nous quittâmes *Askoy* perché sur son ber après une courte nuit passée dans son ventre.

Et nous repartîmes en Suisse chercher les résultats du dernier examen. C'était un drôle de voyage, il allait changer tant de choses pour nous.

Quand nous sommes arrivés chez le pneumologue, là où était notre rendez-vous, Jacques était attendu. À peine le temps de passer la porte qu'ils me l'avaient déjà pris. Encadré par le spécialiste lui-même et sa secrétaire, Jacques s'éloignait. J'attendais dans le petit salon, sinistre comme sont tous ces salons de cabinets médicaux. Je m'enlisais la lecture de vieux magazines défraîchis, usés par des mains indifférentes. Il y avait un tel tumulte en moi, il y avait un tel silence dans ce petit salon bleu oublié.

Je m'aperçus à un moment que mes jambes tremblaient. Je les décroisai et posai mes pieds bien à plat par terre pour mieux les contrôler. Une dame d'une quarantaine d'années, seule avec moi dans ce salon, me jetait des regards en biais. Je m'en voulais. Je ne devais sûrement pas être calme.

Enfin je reconnus les pas de Jacques dans le couloir ciré du vieux docteur. Jacques poussa la porte et me dit : « Allez ! viens. »

Dehors il me prit dans ses bras, me serra fort, fort et murmura : « Viens, viens on va réfléchir. » Nous n'avons pas pris de taxi pour ne pas arriver trop vite. Nous avons marché jusqu'à l'hôtel, encastrés l'un dans l'autre, soudés. Nous ne formions qu'une boule.

Dans son costume de velours noir à fines côtes, il m'enveloppait tout à fait. Ses yeux bleus appelaient. Comme on est peu de chose ! Que pouvais-je faire, que pouvais-je dire ? Il me répétait : « On s'aime, il n'y a que ça qui compte. Le reste !... »

J'avais mal, mais ce n'était pas de son mal. On se savait, on se comprenait, mais désormais il allait falloir comprendre ce nouvel arrivant qui venait se ficher dans notre vie.

Parvenus à l'hôtel, nous étions vidés. Jacques m'invita à boire un whisky pour faire passer la nouvelle.

Voilà comment la vie se charge de vous détourner de vous. À peine assis, le nouveau directeur commercial de l'hôtel, à qui nous avions simplement dit bonjour et bonsoir, vient nous parler de ses difficultés de gestion. Il y a ci, il nous faudrait ça. Impossible même d'arriver à boire ce whisky pour nous passer le temps. Le temps de voir plus clair, le temps de mieux comprendre. Il nous laissa enfin. Mais nous fûmes encore dérangés par un coup de téléphone. Jacques n'avait pas envie de bouger et j'y allai à sa place. C'était un message urgent venant de son frère ; ne sachant ce que je devais répondre, Jacques dut se déplacer.

Mais Jacques l'a raconté cent fois, alors une fois de plus...

« Mon frère voulait absolument me joindre, c'était important, c'était urgent, en un mot c'était vital. Je l'appelai, il semblait affolé. Je crus tout d'abord, ce qui était logique, qu'il était en faillite et qu'il avait besoin d'une grosse somme immédiatement, qu'il était acculé, enfin que sais-je ? Il était éperdu : " Je viens où tu es, s'il le faut. Il faut absolument que je te voie. " En me disant cela, il me croyait dans une île de sauvages, au bout d'un téléphone accroché à un cocotier... À son ton, je l'ai senti, il se voyait déjà traversant la brousse pour me rejoindre, il ne savait pas que j'étais en Suisse. Et comment l'aurait-il su ? J'ai dit ne bouge pas, je te rappelle. Et j'ai dit à la Doudou, on va encore faire des folies. Cela a été très vite. J'ai commandé un avion toujours à mon fidèle Jean. Celui-là, on en a fait des coups ensemble. Décollage à 20 heures, arrivée prévue à Bruxelles à 21 heures. Je le rappelai et lui fixai le rendez-vous. Pour un vol je ne recule devant rien. J'adore des coups comme ça. Nous avions pu avoir le petit Lear 25, celui qui nous avait emmenés aux Antilles par le Groenland, mais ça c'est une autre histoire. »

Les yeux des pilotes s'allumaient. Il y lisait : « Aux Antilles par le Groenland ! » Jacques ménageait ses effets. Il savait que ça les intéresserait de connaître l'histoire de ce vol.

« Le V.C.I., Victor Charly India » et il rajouta : « Je vous raconterai... »

« Nous sommes arrivés à l'heure, comme prévu. J'allai vers lui et il m'accueillit, avec un : " Tu ne remarques rien ? " Je ne remarquais rien bien sûr, et il a dit : " J'ai maigri de neuf kilos. " J'ai tout de suite pensé qu'il était malade lui aussi. Pourquoi pas ? Enfin j'attendis qu'il m'en dise plus au lieu de parler par énigmes. Je ne comprenais pas où il voulait en venir. Ce devait être sûrement très grave.

« À l'hôtel Le Brussel's, il y a deux restaurants ; pour le mettre à l'aise, je l'ai invité à dîner en tête à tête, tandis que la Doudou s'occupait des amis pilotes. Cela a été très vite. Quand je suis allé rejoindre les autres, ils étaient en train d'ouvrir leur repas par un énorme foie gras, nous, nous avions fini. J'ai dit à la Doudou : " Va voir mon frère et dis-lui. " Elle était un peu surprise, elle a dit : " Tout ? " J'ai dit : " Tout ! " Et elle est partie rejoindre mon frère. Vous ne devinerez jamais pourquoi il me faisait venir. Je le raconte parce que la vie est vraiment dérisoire. »

Les pilotes donnaient leur langue au chat.

« Il était amoureux, et ne savait que faire. Je n'avais pas vu ce type depuis dix ans. Et voilà comment j'ai revu mon frère. Je ne sais pas ce qu'il faut penser de cela... On ne s'écrivait jamais... C'est depuis... Nous les avons emmenés danser une partie de la nuit. »

L'étonnement, la fatigue, l'énervement nous laissèrent discuter encore un peu avec les pilotes, puis à 4 heures nous nous sommes retrouvés seuls ou presque. Il était maintenant là, ce cancer. Nous étions un peu perdus, je peux l'avouer.

Nous nous sommes mis à pleurer comme deux gamins. Il fallait dormir un peu, le réveil était prévu pour 4 h 30. Nous avions tout laissé à Genève. C'était juste pour une nuit car nous retournions en Belgique, le lendemain.

« Les Suisses ne pouvaient pas m'opérer tout de suite, je suis donc allé en Belgique, comme je connaissais un chirurgien. Il a d'abord voulu me faire croire que ce n'était pas le cancer. Mais je lui ai dit que je n'étais pas venu pour entendre ce genre de réconfort. J'étais venu pour savoir ce qu'il y avait à faire. Il faut opérer, a-t-il dit. Alors, comme je le connaissais, je n'ai pas voulu lui dire que j'allais me faire opérer ailleurs. Je suis resté. Dommage... N'écoutez jamais un toubib qui vous dit que vous pouvez vous passer de contrôle. Le cancer est une chose que vous ne devez jamais perdre de vue. »

Jacques eut le temps de le savoir à ses dépens et ses derniers jours ont été assombris par l'idée qu'il n'avait pas tout tenté. Il avait honte pour celui-là qui l'avait laissé s'abandonner ainsi. Il était atterré encore une fois. « C'est léger ! disait-il, c'est tout de même léger ! Tu ne trouves pas ? »

« Voilà comment j'ai eu un bateau belge, un chirurgien belge, après ça comment voulez-vous que j'oublie que je suis belge ? et je vis avec une Congolaise. Parce qu'en Belgique, tout ce qui est noir est congolais. »

« J'ai commencé quelque chose sur la belgitude, me dit-il, je ne sais pas ce que ça va donner. »

Il se lança :

Qu'elle est lourde à porter ma belgitude

Avec trop peu d'amour
Pour son poids de passion
Les ventres répandus et les âmes serrées
Elle est dure à chanter ma belgitude...

Ce n'étaient là que des réflexions, venues d'ailleurs, d'une chanson qu'il avait commencée sur son enfance pendant la guerre. Il continua :

Avec plus de Flamands qu'il n'y a de Flamandes
Avec plus de Flamandes qu'il n'est de multitudes
Avec si peu de mots que l'idée se débande
Qu'elle est dure à parler ma belgitude.

Il chercha encore quelque chose qui pourrait avoir une résonance puis abandonna. Il y avait bien des idées sur le roi, sur sa solitude, mais il enchaîna : « Pour le moment, j'ai trop de choses sur la Belgique, on verra cela plus tard. »

Le dîner glissait vers le dessert. Jacques mangeait peu mais avait un appétit féroce pour les sucreries. Je le taquinais souvent car il ouvrait une bouche deux fois plus grande pour absorber son dessert.

Il ne faisait qu'une bouchée des choux à la crème, du plus gros au plus petit. Aujourd'hui je lui avais fait un « grand dessert », c'est une spécialité de Troisgros à Roanne. Jacques avait découvert ça dans ses lectures et m'avait fait mettre à l'œuvre. Donc ce soir :

Glaces : vanille, café, chocolat.

Sorbets : citron, orange, menthe, pamplemousse, goyave, cassis.

Les œufs : neige et crème vanille.

Fruits au sirop : poire, prune, pêche, abricot.

Tarte : pommes.

Le tout arrosé d'un sirop de framboises.

« C'est joli et c'est bon », dit Jacques.

Nous terminâmes le repas, repus. Jacques nous déroulait toujours sa vie. Je ne me lassais pas de l'écouter parler. Il me disait de temps en temps : « Je ne t'ennuie pas avec tout ça ? Il faut me le dire. » Non, je ne m'ennuyais pas. Je peux dire que j'étais plutôt fière d'être le compagnon de toutes ses aventures.

Il raconte encore : « Cinq semaines après l'opération, nous prenions la mer, des Canaries vers les Antilles. J'étais encore tout à fait infirme. Et il y a une chose attendrissante qui s'est passée. Un Belge, dont le bateau était accouplé à *Askoy*, me voyant aussi diminué, me dit : « Vous savez, ce n'est pas parce que vous avez dit que vous partez qu'il faut partir. " Visiblement, il était inquiet. Je revois encore ce port de Porto Rico tout neuf, *Askoy* était cul à quai, la passerelle souffrait mille grincements, il faisait beau, il faisait juste chaud. J'étais un peu flétri, comme sont les gens perclus, mon bras gauche ne fonctionnait pratiquement pas. Chaque mouvement me rappelait que j'étais handicapé et que ma carcasse ne répondait plus à tous mes appels. " C'est humiliant d'être malade. Si vous pouvez éviter d'être malade, faites-le ", disait-il avec autorité.

« Nous sommes partis très vite. Moi qui étais toujours à cheval sur la préparation des départs, j'ai décidé cette fois-là de partir presque subitement. J'avais déjà repoussé de deux jours. J'ai demandé à la Doudou : " Est-ce qu'on y va ? " Elle m'a dit oui.

Alors j'ai dit : " On y va. " La vaisselle était sur la table, rien n'était rangé. »

Je sentais trop que si on ne partait pas maintenant on ne partirait plus jamais. Et puis Jacques espérant tant que je dise oui, toujours son fameux défi à la vie, et enfin, il m'avait tellement dit que j'étais en béton que je finissais par le croire. Les muscles, car il en fallait sur ce bateau, ça allait être moi. Comme pour se rassurer, il dit : « De toute façon, en sortant d'ici, c'est le calme plat pendant deux jours, on aura tout le temps de ranger. » Ce qui allait s'avérer complètement faux. Dès que nous eûmes quitté l'abri du port, le vent nous a attrapés et ne nous a plus lâchés jusqu'à l'arrivée aux Antilles. Il nous a fallu nous mettre à la cape pour pouvoir étaler deux jours durant. Le ciel était soufré, les éclairs étaient si intenses qu'on arrivait à lire sans autre lumière que leurs éclats. L'orage grondait au-dessus de nos têtes et tout autour à l'horizon, pas une percée. C'était lugubre mais pourtant tout à fait extraordinaire, nous avions à nous protéger pour nous garder encore un peu de vie. Et seuls au milieu de cette mer, nous étions libres.

On dort bien à la cape, le bateau dérive au gré du courant. Au matin, Jacques fait ses calculs et on reprend la route.

Une nuit noire et humide, j'étais de quart, le vent ne soufflait plus que force quatre à cinq tandis que la mer très agitée gardait sa force accumulée.

La retenue du yankee avait du mou, je lui proposai de me tenir la barre pendant que j'allais l'étarquer. Il n'était pas équipé pour s'aventurer sur le pont. Il refusa et voulut s'y rendre. En pantoufles, sur le pont glissant, le pas mal assuré, il partit à l'avant du bateau malgré mes protestations. En revenant de la manœuvre, le pas toujours incertain, il tomba, déséquilibré par le mouvement du bateau ; je ne l'avais pas quitté des yeux et me précipitai pour le relever : le bruit de sa chute avait résonné dans tout le bateau. La douleur le paralysait, la main droite accrochée à la filière, il était incapable de bouger. Nous eûmes une peur rétrospective quand nous réalisâmes que s'il était tombé à tribord, là où il ne restait plus de filière, arrachée par un empannage, il serait passé par-dessus bord. Dans cette nuit profonde, sans lune, qu'aurais-je tenté ? Déjà en plein jour, la manœuvre de l'homme à la mer garde toutes ses difficultés. Là, ç'aurait été tout à fait sans espoir. Je lui interdis de recommencer, mais je ne crois pas qu'il m'ait écoutée.

Il s'amusait à dire par bravade : « J'aurais traversé l'Atlantique en robe de chambre et en pantoufles, je ne sais pas si ça s'est jamais fait ! »

Voilà la terre en vue droit devant : c'est la Martinique. Nous sommes le dimanche 26 janvier 1975, il est 11 h 40 T.U., la mer est belle, le baromètre indique sept cent soixante-trois millibars, le cap est au deux cent soixante-quinze, nous avons dix degrés de déclinaison ; notre route vraie est au deux cent soixante-cinq, le loch affiche deux mille sept cent soixante-dix-neuf nautiques, le vent doux de force trois nous laisse affaler les voiles ; il fait beau, Jacques a son bon sourire. Il chante : « Mais moi Carmen je t'aime encore. Je t'aime Carmen et je t'implore. »

Il est épuisé, mais il a quand même mené à bien sa traversée de l'Atlantique. Nous voici dans le rade de Fort-de-France, je me prépare à mouiller et le guindeau ne veut rien savoir. Je tape, je cogne et la chaîne ne veut pas descendre. Jacques vient à mon secours mais il est désobéi tout comme moi. Vite, vite, ça va vite dans sa tête. « Va chercher l'ancre de secours dans la salle des machines. » Sacrée ancre de secours ; il faut être à quatre pattes pour la sortir de son repos. On est alors tout à fait inefficace et il faut toute ma force pour tirer ses quarante-cinq kilos. En plus je veux faire vite, j'ai trop peur que Jacques ne s'épuise à tenter de faire fonctionner le guindeau. Voilà j'y suis, elle vient ; j'arrive à la hisser sur le pont et à la porter jusqu'à l'avant du bateau où Jacques essaie désespérément de faire tomber cette chaîne de seize avec son ancre de quatre-vingt-cinq kilos. L'ancre de réserve est sur le pont, maintenant il faut un bout pour la frapper. Il y a le bout de l'ancre flottante qui est dans la cale. « Va vite », me dit Jacques. Il frappe le bout à l'ancre de réserve ; nous refaisons la manœuvre. Ça y est, nous avons mouillé et ça tient. Épuisés, nous nous asseyons dans le cockpit pour souffler un peu. Le jour tombe en même temps que la tristesse sur Jacques, le chagrin plutôt. Il se défendait toujours d'être triste, il me disait : « J'ai du chagrin. » Et ce chagrin-là venait de sa fille qui avait montré une humeur terne durant toute la traversée et qui déjà s'en allait avec des amis de rencontre.

« C'est la première fois que je ne suis pas content d'arriver quelque part. »

Le lendemain il fallut bien s'expliquer. La réponse à cette discussion vint le surlendemain : un sac de marin posé dans le carré. Jacques m'appela affolé : « Doudou, Doudou viens voir ». J'eus peur qu'il ne se soit passé quelque chose. J'étais dans notre cabine et me précipitai vers le carré. Jacques était déjà là, me questionnant : « Tu as dis quelque chose à France. – Non. Et toi ? ajoutai-je. – Non plus. Va la voir. » J'allai voir France. Elle était dans la cabine des invités essayant d'atteindre une boîte de médicament dans la pharmacie installée dans la cabine. Elle se préparait une petite boîte de secours. « France, dis-je. Elle ne m'avait pas entendue, elle sursauta. – Tu m'as fait peur, me dit-elle. Elle avait un sourire aux yeux. – France que se passe-t-il ? – On ne peut pas lui parler. Mais France, te souviens-tu, tu m'avais demandé de t'aider si tu avais un problème ? » Elle resta coite. Le mal était fait. Le sac était au milieu du carré comme une pierre posée sur le cœur du Capitaine. Il prit sa voix des profondeurs, appela. Il ne la laissait plus partir, mais il la renvoyait. Terrible, il prononça ces mots douloureux en la posant sur le quai de Fort-de-France : « J'epère que je ne te reverrai plus jamais. » Restés seuls, je mesurai la force de son chagrin. Dieu qu'il était malheureux. Lorsque France tenta de le revoir à Fort-de-France, je sus qu'il était vraiment atteint, parce qu'il ne céda pas. Il lui fallait trop de temps.

Sur le livre de bord, à la journée du mardi 26 janvier 1975, Jacques a noté de sa petite écriture : « Le Capitaine n'a plus d'enfants. » Parce que le seul espoir qui lui restait, venait d'être déçu.

Askoy avait souffert de la traversée et il fallait songer à réparer toute la casse et surtout ce guindeau, sans quoi on était à la merci de dérapages incessants. L'ancre de réserve tenait bien mais la sécurité voulait qu'on se dépêchât de remettre les choses en ordre Quarante-cinq kilos pour soixante tonnes, c'était léger.

C'est alors qu'arrivèrent les premières nouvelles disant que : « Jacques Brel était perdu en mer », « Jacques Brel n'allait pas bien ». Et commença le jeu de cache-cache. Jacques était écœuré.

Il y avait un monde fou dans ce port de Fort-de-France, comme pour une kermesse immense avec des cris de tous côtés, des bruits de moteurs, des visites importunes. Tout cela nous chassa du port et nous allâmes nous abriter dans une petite baie de pêcheurs, à Anse d'Arlet. Nous retrouvions enfin les Antilles, une mer bleue et calme et accueillante.

Nous assistions, de notre bateau, à une grande partie de pêche à la senne. Tout le village y participait.

De loin, les hommes dans leur gommier ressemblaient à de petites marionnettes d'ébène sur fond de paradis.

Quand ils avaient fini d'étendre leurs filets, ils donnaient le signal pour les ramener et hommes, femmes et enfants se mettaient à la manœuvre. Il nous arrivait quelques sons qui étaient peut-être des chants. Les poissons sautaient de toutes parts quand ils n'avaient pas encore eu la déveine de rester coincés dans les mailles...

Le dîner était terminé, je préparais les bandes magnétiques promises et Jacques, avec une infinie précaution, conviait ses invités à les écouter. Ça commençait toujours ainsi : « Il ne faut pas que cela vous ennuie, nous ne sommes pas là pour nous emmerder. » C'était tout simplement parce qu'il était inquiet de tout ce que l'on aurait pu lui dire et il parait aux coups. Il ajoutait : « L'autre semaine, j'ai fait écouter *Jojo* à un de vos collègues et il m'a dit qu'il était indécent de dire " je t'aime encore " à un homme. Ça ne se dit pas à son avis. Je n'ai pas bien compris. Ce n'est pas uniquement homosexuel quand deux hommes disent qu'ils s'aiment. Got ! La tendresse ! La tendresse ! Mais à quoi ont-ils mal ceux qui n'ont mal à rien ? »

Il changea de sujet et se mit à parler de la chanson *Les Flamingants*.

« Je suis en train de travailler sur une musique qui n'est pas de moi. C'est la première fois que j'utilise une musique qui existe déjà. »

C'est à force de l'entendre lors des répétitions que j'organisais avec les filles du cours ménager de l'école des sœurs pour la fête annuelle. Cette fête avait d'ailleurs été abandonnée depuis quelques années ; c'est à l'instigation de Jacques, qui proposa mes services à la directrice, que l'idée lui est venue de recommencer. Donc, comme il assistait aux répétitions, son oreille fut accrochée par la montée de trompette qui sonnait comme une insulte et c'est ainsi qu'elle devint le support musical du petit règlement de comptes qui vagabondait dans sa tête depuis bien longtemps déjà.

« Il faut bien de temps en temps qu'on leur dise la vérité », disait-il, pour se donner raison en face de la tête ahurie des pilotes devant la violence des propos du Belge.

– Qu'est-ce qu'ils t'ont fait les Flamands ?

– Je ne parle pas des Flamands, je parle des Flamingants, ce qui n'est pas la même chose. Je vais d'ailleurs dire : " Les F... " parce qu'on n'écrit pas de grossièretés.

« Quand j'étais petit, j'ai demandé l'heure en français à un Flamand ; il m'a lancé un coup de pied au derrière qui m'a fait valser dans le talus. Pour mon film *Le Far West*, ils ont décrété que j'étais raciste. Ils envoyaient des délégations pour m'empêcher de chanter *Les Flamandes*, ce qui ne m'a pas intimidé. En général je bissais. Ce qui n'était pas dans mes habitudes. Et puis ce sont des extrémistes qui emmerdent un certain nombre de gens ; puisque j'ai la possibilité de le leur dire, je le fais. Et j'ai choisi la difficulté parce que cette musique n'est pas du tout mon style, alors raison de plus pour essayer. Après j'irai en prison et la Doudou viendra m'apporter des oranges.

« J'ai quelques phrases qui me viennent encore. " Regardez-les qui vont, regardez-les qui viennent, ça ressemble à des hommes. Et ça n'est quand même pas parce qu'ils disent got verdoomer qu'il faut croire un instant qu'ils n'aiment pas les fleurs ".

La chanson n'était pas finie, mais lui remontaient des bribes. « Francophones mes frères, vous finirez larbins, vous finirez misère. Non je ne suis pas fou je ne suis qu'en avance et de pas très longtemps. Dans le mot " flamand ", je ne veux plus rien voir que le nom de l'oiseau. »

Il régnait dans la pièce une incompréhension totale. Moi je soupçonnais sa colère car j'avais assisté à Anvers à une petite scène.

Jacques s'était rendu à la poste pour envoyer un télégramme à son ami malade. Pensant à son texte, il avait complètement oublié de s'adresser au postier en néerlandais. Il s'est vu refuser le stylo qu'il demandait. Il se rattrapa et fit l'effort de parler la langue. Nouveau refus comme pour dire : « Maintenant c'est trop tard. » Et nous voilà partis dans la ville à plus de minuit pour aller acheter un stylo. C'était imbécile.

On calma les esprits en écoutant *Les Marquises*, saisissante de vérité. Il y a cette immobilité de l'air quand le soleil se couche et on pourrait croire qu'il en est de même pour tout. Mais la vie continue en dessous. Tout se propage avec une rapidité extravagante. On ne voit rien se faire et on vous raconte tout un tas de choses. Et quand vraiment rien ne se passe, ils inventent.

Les Marquises a été écrite spontanément. Jacques pensait l'avoir écrite trop vite car le sujet était tout neuf pour lui. Il ne le fréquentait que depuis deux ans. Il craignait le travail bâclé. En une matinée elle lui vint. Strophe par strophe, il venait me faire lecture de son récit et pour moi c'était une progression claire, nette et frappante.

Je vivais cette ambiance-là et je m'y retrouvais tout à fait. Je pensais que ceux qui ne connaissaient pas l'endroit pourraient le deviner. À tel point que je craignais qu'elle fît trop de publicité à l'île. « C'est trop loin, ils ne viendront pas », disait-il.

Le magnétophone commença à avoir des ratés, ce qui permit à Jacques de faire son numéro favori sur les magnétophones qu'il balançait par-dessus bord, agacé par la défaillance mécanique de la plupart de ces engins. En fait, je les récupérais toujours avant qu'ils n'atteignent l'eau, étant plus patiente que lui. J'avais pris l'habitude du maniement de ces appareils pour mes shows et je ne me laissais pas impressionner facilement. Tandis que Jacques grossissait sa voix tout de suite en gueulant : « Tout ça c'est de la merde ». Je riais tellement qu'il se calmait, et bien souvent, je le précédais, ce qui lui coupait son effet et on riait tant et plus et finalement j'arrivais à réparer jusqu'au prochain : « Tout ça c'est de la merde. »

Pour travailler *Les F...*, j'avais fait un montage. La musique de Donato n'était pas construite pour une chanson; les mesures entre chaque couplet étaient trop longues et surtout ça ne lui donnait pas la puissance voulue. J'ai donc coupé allègrement dans la musique de ce monsieur, ce qui je crois est strictement interdit.

C'était un homme organisé. Le temps, l'heure comptait énormément. Quand j'entreprenais des travaux pour lui, je devais toujours lui dire combien de temps j'allais mettre et il extrapolait : « Ce qui veut dire que je pourrai faire ceci à l'heure ronde et cela à trente-sept. »

D'ailleurs il le reconnaissait en disant : « Moi je marche à la montre comme d'autres marchent au canon » et il expliquait : « Quand vous percez en avion, après avoir fait vos calculs, vous vous dites, en dessous il doit y avoir la terre, je dois être en vue de tel endroit. Vous descendez, vous êtes juste là où il faut. Moi ça me fait toujours quelque chose. En fait, en bateau, ce que je préférais c'était la navigation. L'arrivée aux Marquises s'est produite ainsi. J'ai dit : " On devrait voir la terre à telle heure ", et à cette heure-là, on l'a vue. Ça c'est beau. J'aime ça. »

Comme il était en pleine création, tout naturellement la question sur sa façon de travailler tomba.

« Comment je procède ? Alors je vais te dire... Cela dépend de ce que je veux faire... Quelquefois il y a une musique qui me révèle des choses, qui me donne une ambiance, un caractère. Ici, je me mets à l'orgue et je joue. J'improvise, j'enregistre et puis j'écoute mille fois. Mais plus souvent et même presque toujours, c'est le texte ; et presque simultanément, la musique. C'est l'idée qui est l'essentiel. Quand j'ai la musique, je compte le nombre de pieds pour chaque phrase musicale, je chronomètre et je sais qu'il va falloir m'exprimer en quatre ou cinq couplets. Je n'écris pas un livre, donc tout doit être contenu en deux minutes vingt, ou trente, ou quarante. Et c'est pour cela qu'il faut être précis. Bien savoir ce que l'on veut dire. S'il y a refrain, je procède de la même façon, tant de couplets et tant de refrains. Ce n'est pas un hasard. Le tempo joue aussi bien sûr. »

« Je vais vous parler en termes de métier. Vous avez déjà entendu parler des rimes féminines et des rimes masculines. La féminine appelle la féminine et moi, pour créer le malaise, j'y mets une masculine et cela devient tout de suite plus grave, plus fort, plus puissant. Je crois que j'ai trouvé cela.

« La guitare ne donne pas les mêmes envies que l'orgue ou même que le piano. Alors il y a des chansons que j'écris entièrement à la guitare, d'autres à l'orgue, et je sais que parmi celles que je vais écrire, il va me falloir les terminer au piano avec mon pianiste. »

La couleur ambrée des lampes à pétrole prit possession de la pièce tandis que l'électricité du village nous donnait son congé. Il était 22 heures. L'ambiance fut tout de suite plus douce, plus à la confidence. On parla de bonheur, de tendresse et puis il fallut bien se quitter et nos deux pilotes, avec un peu de regret, prirent le petit chemin de terre qui les redescendait au village.

« La Doudou ! La Doudou !

– Oui !

– Viens ! Serre-moi fort !

– Qu'est-ce qu'il y a ? Tu as mal ?

– Non. Serre-moi fort ! J'ai besoin. Assieds-toi ! Mets le casque ! Tu entends ? C'est clair ?

– Oui, oui.

– C'est un premier jet. Ce sont des phrases comme ça... Ça a commencé ?

– Oui... »

Tout redevient silence
L'amour fait peu de cadeaux aux hommes
L'amour l'amour en somme
Fait peu de cadeaux aux hommes
Et maintenant ils pleurent
Autour d'eux le grand tumulte d'Orly s'apaise
Ils n'entendent plus rien que les sanglots de l'autre
Leurs deux corps se quittent
Voilà qu'ils se reprennent
Il ne peut pas parler...

L'amour fait bien peu de cadeaux
Aux pauvres hommes..

Voilà qu'il se déchire très lentement d'elle
Un quelconque escalier
La prend sous son aile
Elle se retourne encore
Il disparaît bouche ouverte
Sans un cri sans un mot
Elle connaît sa mort
Elle vient de la croiser
L'amour ne nous fait pas de cadeaux
Voilà qu'elle a mille ans
Elle se retourne
C'est là que ses bras semblent aller jusqu'au sol
Ça y est elle a mille ans
Elle se perd avec lui
Car nous ne savons d'elle ni son nom
Mais juste son chagrin
L'amour ne fait pas de cadeaux.

Comme toujours quand il était ému, il me laissa écouter seule. Il revint sans que j'aie à l'appeler. Ces paroles étaient plutôt dites que chantées. Il me prit dans ses bras : « Tu comprends ? Tu comprends bien ? Tiens-moi... »

Puis je le laissai pour qu'il travaille un peu à faire vivre ces deux amants marqués par un destin sans discernement.

Je fermai la porte derrière moi et je m'aperçus que je tremblais et que mon corps s'arrêtait à mes genoux.

Jacques avait de gros problèmes de respiration ; c'était son handicap quand il essayait de chanter une chanson en son entier.

Le soleil tapait toute la matinée sur son bureau et, pour l'enregistrement des chansons, il fallait éteindre l'air conditionné qui l'aidait à mieux respirer ; il terminait en suffoquant.

Il y avait des moments drôles : quelquefois les coqs chantaient et le son aigu de leur cocorico accompagnait « Bien sûr il y a les guerres d'Irlande » cocorico. « Et les peuplades... » cocorico. « C'est très encourageant, disait Jacques, là au moins on ne se prend pas au sérieux. C'est la vie aux Marquises ! » Notre homme de maison, sans qu'on le lui dise, avait pris l'habitude de faire la chasse au coq dès qu'il entendait fermer le climatiseur et Jacques en était tout attendri.

Jacques aimait bien Fii. « Il m'amuse parce qu'il a un certain humour. » Nous lui avions offert un poste de radio et ce poste avait une grosse antenne décorative. C'était une fantaisie du constructeur. Il arrivait à faire croire qu'il pouvait communiquer avec moi de chez lui, et ça, à des popas (Blancs). Il a tellement bien su les convaincre que ces gens-là l'ont cru et sont venus m'en parler. Quand ils lui ont demandé de le leur prouver, il a regardé sa montre et a dit : " Non, à cette heure-là ils font la sieste, je ne peux pas les déranger. " Ça, ça me fait rire ! »

Le lundi arrivait vite et on se retrouvait avec les pilotes qui prenaient le relais des questions. Quand certains étaient un peu sensibles à la musique, Jacques les entraînait dans son bureau et faisait admirer son orgue : « Je ne sais rien jouer, j'improvise. Danse la Doudou. Donne-moi le tempo. » C'était une petite bossa-nova ondulante et gaie. « On rit, on se fait notre Olympia. C'est tellement bon de rire. Vous voyez, Paris ne nous manque pas. Fais le pas que j'aime.

– Ça ?

– Oui. Merci, c'est gentil. »

Une question fusa : « Tu ne vas pas remonter sur scène avec ton dernier disque ?

– Non, non, non, non, non, non, non. Tu veux ma mort. Est-ce que je te demande de traverser l'Atlantique avec un Bréguet 14 ? C'est insensé tout de même !

– Mais tu reviens à la chanson ?

– Je ne reviens pas à la chanson. J'ai toujours continué à gribouiller mes petites conneries. J'ai quitté le tour de chant, pas la chanson, il y a là un distinguo à ne pas négliger.

– Pour partir en bateau ?

– Non. Toi tu lis trop de magazines, tu vois où ça te mène ? Non, j'ai quitté le tour de chant parce qu'il me semblait que j'arrivais à un moment où je risquais de devenir habile. Si tu veux tout savoir, j'étais à Laon. Je m'en souviens ; je chantais *Les Vieux* et je me suis dit au plein milieu de la chanson : " J'ai déjà chanté ce couplet-là. " J'ai terminé mon tour et j'ai décidé d'arrêter. Tu vois je n'y étais plus, c'est que je n'y pensais plus assez. Voilà exactement comment ça s'est passé.

« Quand j'ai arrêté le tour de chant, je me suis dit que j'allais entreprendre la comédie musicale. J'avais envie de jouer une comédie musicale. J'ai voulu donc chiader le problème : pour moi le meilleur moyen était de m'intégrer dans une équipe américaine qui avait fait un spectacle décent là-bas et le monter ici. Or, à ce moment-là, il y avait une équipe qui avait monté une comédie musicale qui m'intéressait énormément : c'était *La Mancha*, le Don Quichotte. Et finalement, ça a été pour moi une bonne école. Les Américains m'ont fait passer une audition, tout comme un débutant, avant de m'autoriser à monter le spectacle.

« J'ai dû subir cette audition et je ne m'en suis pas trop mal tiré à leurs yeux, puisqu'ils m'ont autorisé à la réaliser. J'ai beaucoup apprécié le travail avec les Américains... Ce sont des gens qui travaillent dans la discipline, dans l'invention. Certains sont payés uniquement pour avoir des idées. Ils travaillent tous ensemble... Ils travaillent en spécialistes. Ils vivent ensemble pendant six mois à élaborer, à écrire, à monter le spectacle. Il y a l'auteur, le compositeur, le lyrique, le chorégraphe, les effets spéciaux, le metteur en scène. Au bout de ce laps de temps, ils font le point. Et ils jettent si ça n'est pas bon, et ils recommencent.

« Il est évident qu'on ne peut pas travailler que comme ça. Pour *La Mancha*, nous avons répété cent jours, c'est presque impossible en Europe.

« *La Mancha*... C'était un joli défi. Parce que Don Quichotte est un sujet maudit. Je veux dire qu'à travers les ans, les représentations de Don Quichotte n'ont jamais très bien marché. Ça ne voulait pas. Nous avons eu de la chance que cela ait marché. Le Théâtre des Champs-Élysées n'est pas la bonbonnière que l'on espérerait tous les jours. Et la comédie musicale en France !... C'est une pirouette et on s'en est bien sorti. Et je croyais pouvoir continuer, non pas cette comédie musicale-là ; je voulais continuer à faire des choses. Et j'ai dû m'arrêter.

« En fait, il faut bien le dire, par manque de matériel humain. Pas à cause du public, non, le public va très bien. Il n'y a pas en France de types sérieux, costauds. Ils ont ou mal au ventre, ou ils bouffent trop, ou ils ne bouffent pas assez ; ou bien ils sont comédiens et pas chanteurs ou chanteurs et pas comédiens. S'ils sautent ils croient qu'ils dansent. Alors je me suis dit : " Je vais me casser la gueule, je vais m'épuiser pour le restant de ma vie, je vais recommencer tout cela plus tard. " Et avec ce dernier disque, je fais la farce de mettre un extrait de la comédie musicale

Vilebrequin, mais c'est entre la farce et l'envie. Depuis longtemps déjà j'ai envie de créer une comédie musicale à six personnages dont j'ai le titre, dont j'ai le sujet ; je crois que je pourrais l'écrire en un mois, sans la musique. Avec la musique, il me faudrait quatre ou cinq mois, c'est tout. Mais je crains de retomber sur le même os.

« C'est d'ailleurs la seule solution en France, c'est de faire une comédie musicale à très peu de personnages, trois, quatre ou cinq. Et puis il faudrait un petit peu tirer à la mitraillette sur le syndicat des musiciens. Mais c'est un autre problème... Il faudrait envoyer des commandos, mais on doit pouvoir s'arranger pour faire une petite comédie musicale.

« En fait, je voulais faire cette comédie sur le thème des " Vieux " et la vedette aurait dû être Dario Moréno. Le titre n'aurait sans doute pas été " Les Vieux ". Je pensais à des gens qui sont vieux et qui réinventent leur vie, n'est-ce pas ? Parce que le vieux ment comme un fou. Il se réinvente sa jeunesse enfin, il se réinvente ses choses. Il ne ment pas, il réinvente, il arrange... Et je voulais faire ça. *La Mancha* m'a pris toute mon énergie. Puis après j'ai soufflé. J'étais pas mal écœuré par le matériel humain des soi-disant lyriques. C'est vraiment un milieu difficile à côtoyer. Les exigences des nullités sont vraiment incroyables, il faut bien le dire. Je peux le dire. Et puis Dario était mort, or, ça tournait beaucoup autour de Dario, que j'aimais, que j'estimais être un homme de très grand talent. C'était un grand professionnel. Il chantait admirablement, c'est une chose qui ne court pas les rues. Il chantait a cappella, c'était beau, c'était rare. D'ailleurs *La Mancha* a beaucoup perdu avec la disparition de Dario Moréno. Il était Sancho, il était vraiment Sancho.

« Et puis, j'ai pensé, et je le pense encore, que si on ne réussissait pas à monter convenablement une comédie musicale sur une scène, on pouvait y arriver par les moyens cinématographiques. J'ai donc plongé dans le cinéma et, là encore, je n'y connaissais rien. J'ai appris. J'ai tourné dix films, pour apprendre la technique, puisqu'il faut quand même le dire, sur les dix scénarios, je crois que j'en ai lu deux... J'en ai écrit deux, donc ceux-là je les connaissais, et les autres j'ai dit oui, comme ça, à des gens de confiance, parce qu'ils me plaisaient bien, ou par amitié, ou pour rendre service. Il y a des films dont je ne savais rien. Lino Ventura et Édouard Molinaro ont émis le souhait de tourner un film avec moi. J'ai dit : d'accord, quand commence-t-on ?

« C'était *Le Contrat*, qui est devenu, *L'Emmerdeur* ; changement de titre que je n'ai d'ailleurs jamais pardonné aux producteurs. J'ai accepté *Le Bar de la Fourche* pour donner un coup de main. *La Bande à Bonnot* !... J'étais fasciné par le sujet deux ans avant qu'on me le propose. Je l'ai accepté pour cette raison.

Mon Oncle Benjamin est mon film préféré. Quand Lelouch m'a proposé *L'Aventure c'est l'aventure*, j'ai accepté, parce que je voulais le voir travailler ; je voulais savoir sa façon de procéder. Je ne l'ai pas regretté ; en plus, je n'ai jamais connu une ambiance aussi extraordinaire sur un tournage. On riait devant et derrière la caméra. C'était tout à fait exceptionnel.

« Toutes ces expériences m'ont aidé à apprendre le métier. Je m'intéressais à tout ; aux rushes, au mixage, à l'étalonnage... Je pensais toujours à ma comédie musicale. Puis je me suis aperçu que je n'arriverais à rien dans la comédie musicale et que le cinéma n'était pas pour moi ; c'est un métier d'exigences et je n'ai d'exigences qu'avec moi. Donc, je ne serais jamais un metteur en scène convenable.

« J'ai mis en scène deux films qui n'ont eu aucun succès ; en tout cas pas suffisamment pour me pousser à recommencer. Le premier, *Frantz*, que j'avais tourné juste avant *L'aventure...*, racontait l'histoire de gens cons ; de gens bravement cons, de gens banalement cons... Le con courant, quoi !... Puis *Le Far West*, que j'ai tourné en 1973, qui voulait exprimer le droit à l'enfance... Je n'ai pas continué, parce que ce sont des choses qui coûtent cher. Je ne voulais pas demander de l'argent à des gens, en sachant que je ne pourrais pas les rembourser.

« J'avais beaucoup travaillé à ces films. J'ai écrit les dialogues et la musique. J'ai fait la mise en scène et je jouais. C'était beaucoup par mesure d'économie. Je pouvais me demander de tout faire gratuitement, je ne pouvais pas l'exiger des autres... J'ai appris des choses formidables...

« Après la comédie musicale et le cinéma, j'ai eu à ce moment-là à peu près quarante ans et il y a un proverbe qui dit qu'on ne devient pas marin à quarante ans. J'ai donc immédiatement plongé. Pourquoi voulez-vous qu'on s'emmerde !... Et j'ai dit : on va bien voir si ce bonhomme-là a raison ou non. »

Jacques ne laissait pas passer une question, il poursuivait son récit.

« Je suis donc allé dans cette École royale d'Ostende, là où on vous apprend la météo jusqu'à six cents mètres parce que, disent-ils, au-dessus, ça ne concerne pas les bateaux. Ben voyons ! " Monsieur Brel, n'est-ce pas, on n'a jamais vu un bateau voler. Got Verdoomer !... "

« Je plaisante encore, mais il n'empêche que j'ai fait tout cela très, très sérieusement. Quand je me suis trouvé en possession d'un bateau, j'ai dit à la Doudou : " On va aller voir comment est la Terre autrement qu'en allant d'hôtel en hôtel ". »

Quand Jacques insiste sur le fait d'aller à l'école, c'est parce qu'il ne supportait pas l'amateurisme.

Voilà comment il l'expliquait :

« Avant, j'avais fait l'école I.F.R. parce que j'en avais assez d'être un pilote à la noix, j'estime qu'on ne doit faire les choses qu'en professionnel. J'adore l'esprit d'amateurisme, mais je hais les amateurs. Quand je dis que je n'aime pas les amateurs, je veux dire qu'on doit faire les choses pour rien, pour la gloire, pour le pied, mais c'est tout. J'aurais été anglais, il y a cinquante ans, j'aurais joué au polo... Parce que plus con que ça, il n'y a pas !... Non, je ris... Mais j'aurais voulu jouer au polo, et aux Indes en plus, et avec les moustaches... »

Jacques explique :

« Il faut faire de l'avion avec l'esprit d'amateur mais en professionnel. Il ne faut pas faire cela pour gagner de l'argent. Et on est obligé de gagner de l'argent bien sûr, mais il faut le faire pour le sport, pour rien. Si on peut faire vivre son troupeau, tant mieux, mais il ne faut pas le faire pour ça. Vous comprenez ?... Je ne sais pas si je me fais bien comprendre... Voilà, c'est ça le luxe, et c'est pour tout comme ça. Pour tout, pour tout. Pour moi la race idéale c'est : être allemand, avoir fait Auschwitz, et être élevé à Oxford. C'est-à-dire qu'on est devenu immunisé. Le racisme n'existe plus, on a cette espèce de rigueur et on fait cela pour rien. Quand je dis Auschwitz, je veux dire débarrassé du nazisme, de tous les racismes. La rigueur germanique dans la désinvolture britannique. Un mélange qui ne me déplaît pas.

« On n'a pas le droit de faire quelque chose en amateur, c'est scandaleux. Je suis devenu copilote de jet pour m'épater bien sûr, mais pour l'épater aussi. On devrait passer sa vie à s'épater. Il y aurait beaucoup moins de temps pour ce que j'appelle les maladies de luxe, les états d'âme. J'ai mis dix jours pour passer ma qualification jet et le lendemain, nous partions pour les Antilles, en Lear Jet 25, par le Groenland. Je crois que c'était le premier vol privé de ce genre. Genève – Le Bourget – l'Écosse – l'Islande – le Groenland – côte-est des États-Unis – Nassau – Guadeloupe. C'est une chose qui me restera. D'abord le voyage n'était pas banal, je connais peu de gens qui, pour aller aux Antilles, passent par le Groenland. J'avoue que j'ai un peu déconcerté, quand j'ai annoncé cela. Je sais qu'ils pensaient : “ C'est un artiste. Ces gens-là, on ne sait jamais ce qui leur passe par la tête. ” On l'a fait quand même et c'est une de mes fiertés... Narsarssuacq, au Groenland, est une espèce de bout du monde au fond d'un fjord de cent kilomètres de long qui servait de base aux Américains pendant la guerre. Nous volions à la vitesse de Mach 0,82 au niveau 440. Les étapes étaient de deux heures et nous arrivions après Le Bourget à notre deuxième étape. Nous volions au-dessus de la couche et nous avons percé au-dessus des icebergs... Comment vous dire ?... Ça se vit plus vite que ça ne se décrit... On prend un grand coup dans la gueule. C'est un spectacle puissant qui s'accroche à la mémoire pour tout le restant de votre vie. En plus, la navigation aux pôles est très pointue, à cause du dérèglement du compas. Ce n'est pas évident de s'enfoncer comme ça au fond d'un fjord avec juste le pétrole nécessaire pour poser. On a le corps, l'esprit tendus et chaque sensation est exacerbée. Et quelle turbulence ! Je ne me suis jamais fait autant secouer de ma vie ! Le cockpit était bringuebalé par le vent, sans ménagement. Sur la carte météo était inscrit un chiffre qu'on lisait mal, on soupçonnait 75, l'impression du stencil était mauvaise. On a voulu croire qu'il s'agissait de 15 nœuds de vent, et nous avons tablé toute notre procédure sur 15 nœuds. On se présente pour l'atterrissage et on s'aperçoit en finale que la piste semblait s'incliner dangereusement à gauche. Juste le temps de la remise de gaz et on s'offre un 180° au fond du fjord, pour éviter l'accident.

« Je laisse les commandes au commandant de bord, on se représente. On se retrouve en finale, on touche à droite de la piste. Et là on s'aperçoit qu'on a posé sur les congères qui encombraient toute la partie droite du terrain. L'illusion optique nous avait trompés. Arrêt des réacteurs, tout le monde descend. Les femmes s'envolent avec les valises. Ce qui est le plus drôle c'est que tout ce petit monde que nous formions était en costume d'été pour les Antilles et nous venions de nous rendre compte en descendant de l'avion que le grand bruit que nous avions entendu lors de l'atterrissage provenait de la rupure du train droit. Allons bon ! ça c'est nouveau ! Ceux qui étaient le plus étonnés, c'était les Esquimaux nous voyant débarquer ainsi. Il y avait d'ailleurs de quoi.

« Cela dit, maintenant le grand problème était de savoir comment nous allions pouvoir réparer. À Narsarssuacq il n'y a qu'un avion par mois qui vient de Copenhague et il était justement prévu pour le lendemain. Donc on ne pouvait pas compter sur lui pour nous amener la pièce. Procédons par ordre. Notre avion est immatriculé en Suisse, et la maison mère des avions Lear Jet est à Whichita aux USA. Les télex ont tourné sans discontinuer entre ces trois coins du monde, pendant plus de vingt-quatre heures. Le hasard parfois fait des merveilles : il y avait, à ce moment-là, un meeting à Hanovre, et un Lear Jet semblable au nôtre devait s'y rendre. La maison de Lear nous embarquait un train de rechange et un mécanicien.

« Nous les attendions pour le lendemain en fin de matinée. Ce qui était une chance inouïe parce que ça aurait pu aussi bien durer un mois.

« À 13 heures, on vient nous prévenir que l'avion est annoncé, on se précipite et là on commence à attendre. Une heure se passe, puis deux. C'est tout à fait déroutant. Finalement on reçoit un message radio. Ils ne viennent plus... C'est trop dangereux... C'est impossible. On s'étonne, on s'inquiète surtout, du temps qu'il faudrait pour trouver une autre occasion.

« On échange enfin cinquante messages radio et ils finissent par accepter de venir. Tout cela avait nécessité beaucoup de temps. Ils étaient à Söndre Stromfjord qui est une grande base aéronautique au Groenland. Ils avaient tant hésité que maintenant cela allait être trop tard et trop dangereux. Je regardai ma montre : depuis le temps qu'ils étaient partis, ils devraient être là. La nuit tombait, et le terrain n'était pas équipé pour un vol de nuit. Pour nous passer le temps, nous avions visité toute la base, et chez les pompiers j'avais remarqué les lampes de secours. Je demandai alors si on pouvait les installer en bordure de piste. Je commençais à regretter d'avoir tant insisté pour que ces gens viennent se perdre dans ce trou. Où étaient-ils ? Que faisaient-ils ? Enfin, l'avion de ligne qui vient de décoller nous passe un message. Il fait le relais avec le Lear. Il les guide, les dirige. Les voilà ! Ils se posent, le terrain est fermé depuis deux minutes. Les lampes font leur boulot de secours et j'avoue que je suis soulagé. Je respire. Je me sens responsable, et je suis responsable. On ne le savait pas, mais on devine tout de suite que les occupants de l'avion ne sont pas des professionnels. Ils nous en veulent, on sent qu'ils nous en veulent et ils ont raison. On a forcé leur talent sans qu'ils le veuillent, ils ne nous demandaient rien. On leur offre tout ce qu'on a : deux fonds de bouteilles de whisky qu'ils avalent sans un mot, sans un regard !

« Déjà ils sont au lit, et le lendemain matin ils partiront sans qu'on ait pu leur adresser la parole. Le mécano devait se poser des tas de questions sur les zèbres qu'on était, mais il n'en formulait aucune, laissant lui aussi glisser son dédain. Il restait pour réparer, pas pour discuter.

« Sans regarder sa montre, il s'arrêtait régulièrement pour une pause café. Sans que rien le laisse présager, sans un mot, sans un regard et à chaque fois surpris, on se demandait bien où il allait. Comme le commandant de bord était mécanicien lui aussi, il suppléait à ces pauses café. Sans quoi nous pouvions bien y passer la semaine. »

Dehors la neige fondait, et les rivières se formaient à l'endroit des routes. Nous étions au mois d'avril et le printemps tout jeune prenait sa place dans le temps. La veille nous marchions à reculons, tant le vent nous brisait la respiration ; ce matin, au réveil, il y avait des bruits de ruissellement partout. L'eau reprenait sa liberté. C'est un peu cette chanson qui nous a réveillés ce matin-là. Nous dormions dans un petit hôtel, qui était plus près de la caserne que de l'hôtel grand luxe. Je me souviens de ces lits prudes, distants de trois mètres, pas plus larges que le dos. Et nous avions beau être amoureux, et avoir le bras long, il était très difficile de se tenir la main. L'hôtelier nous amenait à heure fixe à la cantine où les responsables des cuisines arrivaient bravement en rupture de stock. 6 heures du matin : corn flakes, 12 h 15 :

salami et fromage et 18 heures : soupe. Le relais de télévision nous avait laissés voir le premier soir : *Chantons sous la pluie* et ce soir c'était une émission de variétés avec Mireille Mathieu. Les petits enfants esquimaux regardaient l'émission d'un derrière distrait, tandis que les parents perdaient leur attention, s'occupant davantage à les surveiller, les retenant par le revers de l'anorak. Tout ça dans un brouhaha de chaises qu'on traîne, et de verres de bière posés trop fort sur les petites tables de bois désordonnées. Nous les regardions, un peu étonnés d'être là, mais finalement heureux d'avoir pu frôler un petit coin de ce petit bout du monde.

Le lendemain il faisait beau, l'avion était prêt, nous pouvions partir. Nous avons survolé le grand hangar où dorment trois épaves d'avions dont l'un, petit monomoteur jaune comme l'oiseau canari, semblait attendre qu'on vienne le chercher. Sa blessure n'était pas apparente, et on se demandait si les deux Américains, sortis sains et saufs de cet atterrissage forcé n'allaient pas tout d'un coup apparaître suivis d'un grand : « Hello ! » et prendre possession de leur avion. Peut-être avait-il un petit air congelé par les ans, plus que par le froid. À quelques mètres du rivage, la coque d'un bateau saisi par les glaces, le cul en l'air, semblait vouloir se faire remarquer. Tandis que les icebergs, bagués de bleu, imprégnaient leur image au coin de nos souvenirs.

Première escale : Gander, le mécano nous plante là, il en a assez de ces touristes.

Il y a des rafales de vent et de neige. On ne peut boire, dans l'abri qui prend nom d'aérogare, que du Coca-Cola dans des timbales en carton. Lesquelles timbales vidées jonchent le sol, laissant courir leur résidu poisseux. Le plein se fait, on attend pour repartir. Il fait froid, très froid. Le coton de mes vêtements se gèle et me glace la peau. Craignant les excédents de bagages, Jacques avait dit : « Ne vous encombrez pas. » Et je ne m'étais pas encombrée, puisqu'on allait au soleil. Tout le monde sait qu'au soleil, on peut vivre nu.

Les pilotes ne se lassent pas d'écouter les histoires de pilotes et ils étaient ravis de cet intermède aéronautique, posant des questions sur les performances de l'avion, sur l'itinéraire choisi et tout un tas de problèmes techniques.

Il faut dire que nous n'avons pas arrêté de nous raconter cette aventure-là, et tous ceux qui y ont participé en parlent encore.

Monter des coups semblables à celui-ci faisait partie de sa façon de vivre. Avec sa folie de la précision et de son exactitude aux rendez-vous, Jacques n'avait pas peur de programmer des voyages, ou des repas, huit ou dix mois à l'avance, et il mettait un point d'honneur à y être fidèle. Aucun contrat important n'aurait pu changer l'engagement pris précédemment d'être présent aux noces d'argent des parents d'un ami. Il aimait le mouvement et disait-il : « Je craignais de perdre cette mobilité en m'arrêtant de chanter... Il faut dire que je bougeais énormément. J'ai dû faire quatre cent mille kilomètres en tournée. Quand je dis " J'ai dû ", c'est même certain. Je m'étourdissais de travail. J'avais une santé ! Alors après cela je craignais d'avoir une vie trop tranquille.

« Et dans l'aviation on retrouve des moments difficiles, des moments forts. Vous connaissez cela vous deux et... Vous voyez... Je suis vraiment passionné d'aviation... Le bateau c'est trop facile, et on rencontre toujours les mêmes gens, qui font les mêmes choses faciles. C'est dénué d'intérêt. Je vais vous dire ! J'ai côtoyé pas mal de gens de métiers différents, il y a un métier qui forme plus que les autres, c'est l'aviation... Parce qu'il y a une peur quotidienne... J'ai écrit des paroles, de la musique. Donc j'ai connu des musiciens. J'ai connu des paroliers puisque je ne chantais pas au début. J'ai connu des chanteurs de variétés, music-hall ; quand je dis j'ai connu, ça veut dire bien connu. J'ai connu la comédie musicale, pas mal quand même, et j'ai connu le cinéma... Les mieux... c'est : les pilotes et le music-hall. C'est là que j'ai rencontré le plus grand pourcentage de gens qui m'ont paru intéressants. Avec toujours cette restriction abominable qu'un pilote ne devrait que piloter, et un chanteur que chanter. Mais ça c'est une chose qu'on peut dire de n'importe quelle jolie femme, de n'importe quel cuisinier.

« Ce sont deux milieux où les choses sont dures, n'est-ce pas ? Pour être tous les soirs devant deux mille personnes, tout seul sur une scène, il faut... Il faut quelque chose enfin ! Même si c'est médiocre, même si les gens n'aiment pas ça dans la salle... Il faut du courage pour décoller une machine, n'est-ce pas ? Je ne parle pas du petit tour du dimanche matin. Mais quand le temps est comme ça, quand le temps est bouché. On sait qu'on va voler dans la couche pendant quatre heures, avec un avion qui ci, qui ça... Il faut du courage aussi ! Alors à un stade moindre... Oh !... Après, c'est tout pareil, je dirais que c'est tout pareil. Quand je parle du music-hall, je veux dire que c'est l'instant dans l'arène, c'est au moment de la course de toros ; c'est uniquement quand vous arrivez sur scène avec tous ces gens devant vous et que vous voulez les aimer et que vous allez essayer qu'eux vous aiment, non pas pour être aimé, mais pour être saisi, pour être compris. C'est là que se passe le moment. Je crois qu'il faut un minimum de vertu pour faire cela, en tout cas il faut du courage.

« Il y a un bateau qui est difficile à mener, c'est le bateau moral. Le bateau c'est très facile vraiment, c'est l'enfance de l'art. Mais le bateau moral ! Oui, ça c'est autre chose. Vous savez, la difficulté, c'est cette série de choix qu'on est obligé de prendre tout au long de sa vie. Vous aussi, moi aussi. Et dire : " On va essayer de faire ça. " Et puis on va essayer de faire ça, comme ça. Et puis avec le temps ça devient : " On va essayer de faire ça, pas comme ça. " Parce qu'à la fin on ne sait plus très bien comment il faut le faire. On se dit, par règle morale, par rigidité morale, on dit : « Il ne faut pas. Je ne veux pas être corrompu... " Corrompu ou autre chose. On peut très bien vouloir être corrompu d'ailleurs. Mais je ne veux pas être corrompu... Je ne veux pas être à vendre... Je ne veux pas être dévoyé dans mes rêves. Enfin ! Alors c'est très difficile ce bateau, parce que c'est un tout beau bateau, et on s'aperçoit, à cinquante ans, qu'on ne fait plus que le protéger. On ne le mène plus très bien... Parce que l'on devient habile. L'habileté aussi, c'est une chose dramatique dans tous les métiers, dans tous les métiers que j'ai pu rencontrer.

« L'habileté tue le talent, n'est-ce pas ? Ça c'est une chose certaine. Le bateau physique ce sont des bouts de bois qui flottent ; ça n'a pas d'importance. Mais le bateau moral ! On dit : " Je veux un bateau, je veux mener une vie comme ça. Si on l'a, qu'il traverse telle mer. " Et alors au début on y va, avec la foi, et on prend des coups sur la gueule. On ne connaît ni la mer, ni le bateau. Et l'important ce n'est pas le bateau. C'est la mer... Et puis après on devient malin, on devient trop malin, et on s'aperçoit, que le bateau sur la mer, c'est une Volkswagen sur une autoroute. Par habileté. Alors il faut s'arrêter de chanter. On en parlait tout à l'heure, c'est parce que, je dis bien, je voyais ce danger-là, et je ne sais pas si j'ai pu l'éviter à temps. Je n'en sais rien. Peut-être que j'ai chanté un peu trop longtemps. Je n'en sais rien... Mais je me pose la question, je me la pose. Peut-être que j'ai écrit quelques chansons en trop, je me pose la question. C'est là mon point de vue. Je ne sais pas, enfin, je veux dire que ce n'est jamais clair. Peut-être que j'ai fait cette erreur-là. Je ne sais pas, voilà. »

De l'aviation, Jacques avait glissé à la chanson et nos camarades se trouvèrent tout naturellement à lui poser des questions sur ce sujet. Ne s'expliquant toujours pas le choix qu'il avait fait d'arrêter ses performances, Jacques reprit : « Moi, j'essayais de donner tout ce que je pouvais. Il y avait des tours de chant entiers qui ne marchaient pas, et on ne savait pas pourquoi. Et c'est bien, on sait que c'est bien. Il y a des jours où on sait que c'est bien, enfin ! Je savais que c'était bien. C'était mieux que la veille, et puis ils ne voulaient pas, avec les mêmes chansons. Et je ne savais pas pourquoi. D'ailleurs si j'avais su, ça aurait marché. Mais on n'a pas le temps d'analyser tout ça. On est fatigué, le lendemain on va recommencer. En fait, le grand acte d'amour d'une chanson, c'est l'écriture, n'est-ce pas ? Il ne faut pas se leurrer, c'est l'écriture qui compte. Ce n'est que l'écriture qui compte.

« Quand vous voyez un film à la télévision, c'est l'écriture qui compte, n'est-ce pas ? Mettons qu'on fasse un plan au 18, fixe, ou, au 50, caméra à l'épaule, ça ne change rien du tout. Ce qui compte en toute chose c'est l'écriture. On part d'un point, on va à l'autre point, et c'est écrit Et si c'est bien écrit c'est facile. Une chanson c'est l'écriture. Et on met son cœur dans une chanson, on met son corps dans une chanson au moment de l'écriture. Et quand on chante, on y met des choses mais beaucoup moins. On n'a pas le temps, on transpire, et on a envie qu'ils aiment ça. Mais l'envie qu'ils aiment ça vient de ce qu'on a déposé dans le texte... Parce que l'amour c'est l'écriture enfin, je crois ça moi. Ça dépend évidemment un peu du genre de chansons qu'on fait.

« Quand on sort de scène on dit : " J'ai mis, j'ai mis... Et puis ils n'ont pas voulu, ou ils ont moins voulu, ou bien, eux, prennent ça autrement. " Vous savez... Moi, il y a des chansons que j'ai finies les larmes aux yeux et je savais en les chantant... je savais qu'ils me traitaient de ridicule. Ils me l'ont dit, ils me l'ont fait savoir. Ils trouvaient ça ridicule, enfin ils ne comprenaient pas qu'on puisse chanter des choses pareilles. Dès que vous n'êtes pas... j'allais dire " courant ", je ne voulais pas du tout être méchant en disant ça, n'est-ce pas ?... Dès que vous n'êtes pas dans les normes tout à fait, ça paraît extravagant et les gens rient de vous. Moi j'ai chanté *Ne me quitte pas*, et les gens rigolaient. Les gens rigolaient, et mon directeur artistique de l'époque m'a dit : " Vous n'allez pas enregistrer ça. Ils vont rire. " Il me l'a dit, au coin de la rue de Ponthieu et de l'avenue Franklin-Roosevelt. Il s'appelait Canetti.

« Les femmes rigolaient. »

Quand Jacques disait : « Les femmes rigolaient », il avait surtout l'image d'Édith Piaf qui, racontait-il, lui disait qu'un homme ne devait pas chanter des choses comme ça. Je l'ai souvent entendu le répéter. C'était en quelque sorte sa réponse quand on lui demandait ce qu'il pensait d'Édith Piaf.

Elle n'a pas compris que *Ne me quitte pas* n'est pas une chanson d'amour. C'est le caractère de l'homme qui est le sujet de la chanson. C'est jusqu'où il ne faut pas aller. Ce n'est pas une chanson d'amour. Ce n'est pas une supplique.

Il était très sensible à ce qu'on pouvait dire de lui, et m'avouait le mal qui l'empoignait quand il lisait : « ... Quant à Jacques Brel, on lui signale qu'il y a de très bons trains pour la Belgique. » Ou encore : « Le dernier disque est nettement moins bon que le précédent. » Ça c'était en Belgique. Les critiques belges n'ont jamais été enthousiastes et il leur gardait une rancune précise.

Il était écorché et c'est du dedans qu'il pleurait.

« Cela ne se voit pas, me disait-il, mais je suis rancunier. » Ça ne se voyait pas en effet, car il me semble que beaucoup s'y sont laissé prendre.

« Je sais quand je serre une main tout ce qu'elle m'a fait. »

« Je ne suis pas bon, mais je veux l'être. Je fais un effort. » Je disais que j'aimerais bien que tout le monde soit méchant de cette façon-là. Mais je comprenais qu'il était de ceux qui tendaient l'autre joue.

Nous nous sommes mis à parler de style, voilà ce qu'il en pensait : « Je n'ai jamais eu le sentiment d'être moderne. Je veux dire dans ce que j'écris. J'ai l'impression d'avoir écrit toutes mes chansons avant la guerre. Je veux dire, que je n'emploie pas un vocabulaire moderne du tout. Quand je le dis, il y en a qui ne sont pas d'accord avec moi. Comme je ne veux pas leur faire de peine, je leur dis qu'ils ont raison. J'emploie des musiques qui ne sont pas modernes, j'emploie des harmonies modernes, mais la musique ne l'est pas. Quand je parle d'avant-guerre, dans un style d'avant la guerre, je parle surtout de la forme. Enfin, je crois cela. »

Un jour que nous écoutions Pierre Fresnay dire « Aux avant-postes » qui fait partie des *Contes du Lundi* d'Alphonse Daudet, Jacques m'avait confié : « C'est bigrement bien écrit. Tu vois, pour moi, il n'y a que Daudet, Maupassant et La Bruyère. Le style, le vocabulaire et les idées. On peut tout écrire avec ces trois auteurs. »

Vingt-deux heures sonnèrent à la Neuchâtelloise, venant interrompre nos conversations pour les déposer en confidences.

Un dernier armagnac et nos camarades s'en furent.

À Atuona, certains jours se passaient à écouter et réécouter, le travail des jours précédents, afin de se corriger.

« Après onze ans, c'est difficile de savoir ! »

Il y avait aussi une chose qui le tracassait, c'était l'avis de ses musiciens, François Rauber et Gérard Jouannest qui connaissaient son travail depuis si longtemps déjà.

D'autres jours passaient à improviser à l'orgue, cherchant ou espérant quelques traits musicaux qui retiendraient l'oreille. Ce matin-là, ce fut moi qui eus l'oreille accrochée par quelques notes. Juste quelques notes qui me venaient de l'autre côté de la cloison. Je me mis à les fredonner. Ne les entendant plus revenir sous les doigts de Jacques, je frappai à la porte de son bureau.

« Entre !

– Tu as joué quelques notes et j'aimais bien.

– J'improvisais, je n'ai pas remarqué, chante-les ! »

Et je chantai les seize premières notes de la musique qui allait devenir *Si tu étais le Bon Dieu*. Je les chantai plusieurs fois pour qu'il les apprenne, et je repartis à mes chiffons. J'entendais toutes sortes de variations sur le thème et cela me donna l'idée d'un ballet. Puis il se mit à fredonner en disant des : « Ba ba ba... » Il ne disait jamais : « La la la... » C'était toujours avec le B. Toute la journée fut bercée par cette mélodie. Et le lendemain, j'entendis :

Toi si tu étais le Bon Dieu
Tu ne serais pas économe du ciel bleu.

« Tu entends, me criait-il à travers la cloison.
– Oui, j'entends, c'est joli, j'aime. » Et il continua :

Toi si tu étais le Bon Dieu
Tu n's'rais pas économe
De ciel bleu
Toi si tu étais le Bon Dieu
Toi tu ferais tourner la terre
Dans l'autre sens que la guerre
Mais tu n'es pas le Bon Dieu
Toi tu es beaucoup mieux
Tu es un homme.

La journée tourna encore avec cette petite valse que je trouvais si tendre. « Ça te plaît toujours ? » criait-il, et j'allais l'écouter chanter. Je lui dis que cela me donnait envie de danser.

« Et si je ne disais que ça ? »

Toi si tu étais le Bon Dieu
Mais tu es beaucoup mieux
Tu es un homme.

« Si je ne gardais que cette idée-là, tu crois que ça serait possible ?

– Pourquoi pas ? Tout est possible.

– C'est une chanson qui n'aura qu'une phrase ; ou bien je la fais instrumentale.

– Non, non “ Si tu étais le Bon Dieu ” ça me plaît.

– Alors ça va.

Et le Bon Dieu danse plus longtemps qu'il ne chante.

Comme je n'étais jamais très loin, je l'observais au travail. Il marchait, marchait, toujours avec ce fameux bic à la main, moitié transparent, le meilleur à ses dires. Ce n'était pas la peine de lui en présenter d'autres.

Ses yeux partaient en voyage vers quelque personnage qui l'avait retenu. Sa main droite marquait la cadence du dialogue, tandis que sa tête ponctuait l'intensité des images.

Il lui arrivait de partir loin avec lui pendant un long moment.

Alors il me disait : « N'aie pas peur, tu sais, il faut que je le maîtrise. »

Un personnage n'était pas un anonyme, sans autre existence que celle qu'il décrivait. « J'habille mes personnages, je sais comment ils marchent. Je sais comment ils mangent. Je ne le dis pas, mais j'ai besoin de le savoir. Je les vois vivre. »

La date du départ pour la France approchait et Jacques se mettait à le regretter, pour deux raisons évidentes. La première : les contraintes de Paris le rebutaient. La seconde : il sentait grandir son inspiration et pensait pouvoir développer une trentaine de sujets, au moins.

Ce matin encore, il se lève avec ces mots : « À force de chanter la mort, on finit par la rencontrer. »

Tous ces temps-là, il élaborait des formules sur la mort. Les réflexions de Jacques n'étaient jamais banales, qu'elles soient destinées à être le « poids d'une chanson » ou la marque d'un moment. « La mort c'est vieillir un peu trop... La mort c'est se tromper d'ami... La mort c'est dormir sous son lit... La mort c'est changer de bistrot. » Et puis : « La mort elle croit venir à moi, mais c'est moi qui m'en vais... » Il y avait toujours quelque chose à écouter avec lui.

Il y avait des séances de déchiffrage. Parce que la pensée allant plus vite que le corps, les lettres étaient à peine formées. C'est ainsi qu'un jour il me présenta un brouillon : « J'ai trouvé quelque chose cette nuit, que je crois joli, mais je n'arrive pas à me relire. Peux-tu essayer ? »

C'était :

Meubler l'œil des bergères
D'intentions qu'elles n'ont plus
Qu'elles n'ont d'ailleurs pas plus
Que naguère...

Et cela continuait encore.

Il devenait évident maintenant, à entendre ses réflexions, que ses préoccupations étaient orientées vers la mort et la vieillesse. Vieillir ce n'est rien d'autre qu'apprendre son absence. Vieillir c'est se bâtir un mur à chaque fenêtre. Vieillir c'est radoter ses dernières histoires ou encore vieillir c'est déjà vivre ailleurs. Quand il a dit : « Vieillir c'est se recroqueviller », j'ai rajouté se raccrapoter. Ça lui a plu.

Quand j'ai voulu le noter, je me suis mise à douter de l'orthographe. Dans le dictionnaire, pas de « raccrapoter », alors Jacques me dit : « On va l'écrire avec deux c, ça fera plus cossu. » À Paris, par la suite, il a demandé à plusieurs personnes ce que voulait dire ce mot, et tout le monde faisait le même geste retenu. Alors il décida de le garder.

Puis de recherches en recherches, il devint clair que pour lui, le plus important n'était pas de mourir, mais de vieillir.

Je le revois, planté au milieu de la pièce, me disant : « Depuis le début, j'ai tout basé sur mourir, mais c'est vieillir qui est important. Mourir cela n'est rien, mais vieillir ! Oh ! Vieillir !

Se laissant emporter par ce qu'il ressentait, le « Oh ! Vieillir ! lui vint à ce moment-là. Et il le répéta en insistant : « Tu comprends ? Oh ! Vieillir ! Je vais tout changer ?

Comment pouvait-on mourir ? Mourir de honte, mourir d'ennui, mourir par habitude, mourir par nonchalance, mourir de lassitude, mourir de trop d'avenir, mourir de peine, mourir d'avoir trop lu... Et quoi d'autre encore ?... Mourir d'être trop pressé. Lui a trouvé autre chose.

« Mourir, mourir d'amour, brûlé jusqu'à la moelle. »

Mais le temps court, il y a encore à parler de « ces amants-là qui ne s'aiment plus. Aimer : ils connaissent le verbe, mais où est le sujet ? »...

L'avion était prêt, nous en avions fait le tour chacun avec nos responsabilités.

Jacques monta le premier, il n'y avait pas de porte de son côté. Il s'installa en place gauche, la place du commandant de bord. Moi, je m'installai en place droite. Aux deux places droites d'ailleurs, bizarrement notre « Jojo » possédant trois places à l'avant.

Le commandant demanda la check-list d'avant la mise en route. Je commençai à énumérer :

Inspection extérieure
Huile
Essence
Pitot
Fourche et protection

Je ne poursuivais que lorsqu'il avait répondu « Vérifié » ou « Bon », c'est la règle en aviation. C'est très important.

Check-list de roulage, check-list de démarrage. Point fixe, moteur droit, moteur gauche. C'est bon. Alignement.

La feuille de route était prête, les montres à l'heure universelle, les ceintures attachées, les portes verrouillées.

Take off : « Tu me dis 60, 89 et passé 100 » fit le commandant. « OK » répondit le copilote.

Je fixe mes yeux sur le badin. On y va. J'annonce mes vitesses. On décolle. Train rentré, verrouillé. Je note l'heure du décollage. Et nous voilà dans le ciel, où on est seul à deux, baignés de liberté, où personne ne peut nous atteindre, où personne ne peut ni nous ennuyer, ni nous empêcher de tomber, en cas d'ennui technique ou de défaillance humaine. Une voix à l'autre bout du casque qui sait qu'en principe on passera le 140ᵉ à telle heure, et le 141ᵉ à telle autre, mais qui ne pourra passer que sa voix et pas notre porte. Jacques m'avait appris à goûter cette joie-là et il m'avait enseigné les principes de l'aviation, parce qu'il voulait que je sache mes peurs. J'étais entrée tout doucement dans cet univers, là où sans nul doute il se sentait le mieux au monde. Son corps, maintenant épuisé par la maladie, retrouvait vie là-haut. Il respirait mieux et perdait quelques rides. Il m'avait fait gagner son ciel. Ce ciel où il me donnait le privilège de lui tenir compagnie, mais d'être aussi un peu responsable de sa vie, de ma vie. Il avait fait mon apprentissage et je pouvais me mêler aux conversations de nos camarades pilotes sans trop de parenthèses explicatives. Comme une enfant, je me sentais fière. J'avais subi, en tant que passagère, tous les exercices « d'emergency », sur le Lear Jet.

Je savais ses sensations pendant un vol de nuit. Je n'ai jamais vu un pilote oublier de parler de ses vols de nuit, de leur solennité, de leur grandeur, de leur noblesse. Jacques n'avait pas manqué de m'y faire goûter, et je comprenais qu'il rêve tant de le réaliser aux Marquises.

La première fois que je fis un vol de nuit, c'était entre La Baule et Ajaccio ; nous avions passé toute notre journée à amener et ramener un camarade et Jacques me dit : « Je vais calculer le dernier vol pour qu'on le fasse de nuit. Tu verras, c'est gigantesque. » J'aurais aimé être poète pour vous dire le plus simplement, mais le plus merveilleusement du monde, des choses qui porteraient vos sens jusqu'à la splendeur de ces moments-là. Mais je ne sais pas.

La porte de la vie s'ouvrait sur des richesses que je ne soupçonnais pas, et c'eût été dommage de les manquer. L'envie de m'inscrire à cette nouvelle école s'agrippa à moi furieusement. J'y entrai et je vis sur cet énorme tableau noir des étoiles de tendresse... d'amour... d'aventure...

« Ça t'amuse ?

– Oh oui ! Je reste. »

Aujourd'hui aux Marquises, c'est une autre ambiance.

La mer semble verglacée tant elle est lisse sous nous. Nous l'admirons de loin, sans nous empêcher de penser qu'il ne ferait pas bon la voir de plus près.

Dans le ciel, les moutons sont en liberté, une bergère a oublié de les rentrer, et maintenant ils commencent à nous cacher le voile bleu qui s'étendait largement au-dessus de nous.

Le fil ténu qui nous reliait à la terre grésilla dans l'écouteur en la voix du contrôleur aérien.

« ... Tahiti / Bravo Uniforme ?...

– Bravo Uniforme / Tahiti, je vous reçois 5/5.

– Tahiti / Bravo Uniforme, je vous passe la météo... »

Cunimbes, vent, visibilité... Jacques note les données studieusement avec les abréviations d'usage... « Bien compris, je vous rappelle au 147. »

Il commenta la météo et décida de passer par Rangiroa. On avait un peu de vent dans le nez, il valait mieux s'arrêter. Et puis on allait pouvoir se dégourdir les jambes.

De toutes les idées qui étaient venues à lui, il était resté en suspens une petite marche franche et légère qu'il me chantait en dansant, tandis que dans ses yeux brillait une belle flamme de joie à chaque fois qu'il l'entonnait. Dans l'avion il était difficile de danser, alors il faisait bouger ses épaules pour marquer la cadence. Mais ses yeux gardaient cette petite lumière qui irradiait si fort tout autour de lui.

Sans crier gare un matin de la Belle avril
Elle entrera comme on entre dans le cœur des villes
Le pas tranquille, elle éclaboussera de fleurs
Elle arrivera mais ne venant pas d'ailleurs
Elle te cueillera le cœur
Elle sera belle, elle sera, elle sera divine
Elle te dira, te dira, te dira, devine
D'où je viens, où je vais, qui je suis, pour toi...

« Cette dame, dit-il, c'est la liberté, mais je ne le dirai jamais. Elle circulera dans toute la ville, dans les maisons, partout. » Il la suivit un instant avec un mouvement de la main et dit : « On verra ! »

À bord, je devais surveiller les pressions d'huile, les pressions d'admission d'essence, et même la petite marche ne pouvait me distraire de mon devoir. J'aurais été trop humiliée de ne pas m'être aperçue à temps d'une anomalie de paramètres.

« La pression moteur droit baisse », dis-je.

Les manettes étaient de son côté, il me confia le manche pendant qu'il changeait de réservoir. « Got verdoomer », lança-t-il, forçant sur la manette... « Note : à faire vérifier. »

La pression regrimpa doucement, l'aiguille de l'indicateur se cala dans la partie verte du cadran, là où elle devrait toujours rester.

« C'est bon, fit-il, garde le manche. Va droit sur le nuage, équilibre ton avion. Tiens bien le cap, moi je souffle un peu. »

Comme pour me donner confiance, il s'accoudait à mon épaule, avec un : « Ça va ? » Je savais bien qu'il était vigilant et ne perdait pas un instant de vue le tableau de bord. Il avait des yeux multiples.

Toujours un peu hanté par ce voyage à Paris, il dit encore : « Si les journalistes pouvaient nous laisser en paix, qu'est-ce que nous serions heureux ! Got... Garde bien ton cap. Monte un peu nous aurons plus frais... Doucement... Cinq cents pieds/minute. Tu stopperas au niveau 100... Ce qui me dégoûte, c'est qu'ils attendent mon cadavre... Ils l'auront d'ailleurs ! Un chien quand il meurt va se cacher, ils ne me laissent même pas cette chance. Ils s'en foutent. Ils veulent leur scoop. C'est comme ça qu'ils disent maintenant. Et les cons vont bien... C'est bon, arrête la montée. »

Il n'y avait rien à dire à tout ça. Je savais que c'était une chose qui le tourmentait. C'était flagrant, on ne le pourchassait que depuis le début de sa maladie. Il suffoquait de honte et de chagrin.

Nous arrivions à l'appel suivant et Jacques appela Tahiti.

« Bravo Uniforme / Tahiti ?

– Tahiti / Bravo Uniforme, je vous reçois 5/5.

– Nous sommes en vue de l'île.

– Passez sur la fréquence 118,3 prenez contact avec Rangi.

– ... Bravo Uniforme / Tahiti ?

– Tahiti / Bravo Uniforme, je vous écoute...

– Bravo Uniforme / Tahiti, j'ai le contact avec Rangi, à tout à l'heure.

– Rangi / Bravo Uniforme, rappelez 5 000 pieds, je vous passe la météo... »

Il faisait grand beau, on voyait l'île de loin. Jacques rappela. Je lus la check-list d'approche, l'atterrissage, les arrêts moteurs et le temps de faire le plein, on repartait.

Tahiti nous a accueillis, chaude et étouffante comme à son habitude. Nous prouvant à chaque fois que c'était bien aux Marquises qu'il nous fallait vivre. Le temps coule, à faire quelques courses pour nos amis marquisiens et à prévoir les commandes pour notre retour. L'avion subira sa visite des cinquante heures, et nous voilà dans celui qui nous mène au studio d'enregistrement.

La position géographique de la Polynésie permet, en la quittant vers l'est, de la rejoindre par l'ouest ou inversement, grâce aux lignes aériennes adaptées. Ce qui nous fait faire un tour du monde.

Jacques, pour éloigner l'arrivée à Paris, avait organisé notre voyage par étapes amitiés, curiosités et nécessités. Quand je parle de curiosités, c'était plutôt par devoir car il n'était pas touriste pour deux sous. Il se renseignait toujours sur les choses à voir ou à faire, mais les ayant lues, il avait le sentiment de les avoir vues. Il préférait de beaucoup marcher dans les rues et regarder les gens bouger. Nous sommes pourtant partis dans la ferme intention de visiter tout ce qu'il y avait à visiter. « D'ailleurs, disait-il, je ne travaille plus pendant tout le voyage. » Mais il est plus difficile qu'il n'y paraît de fermer le jardin de ses réflexions et *Le Lion*, qui n'avait pas fini de rugir, eut priorité sur Disneyland.

« Quelles raisons invoquent-elles, les femmes ? Vas-y pas Gaston, même si... Qu'est-ce qu'elles disent ? »

« ... Même si... Même si... » Je bredouillais tout en essayant de trouver ce que pouvait bien dire une bonne femme pour se faire garder... « Euh !... Qu'elle n'est pas en peine de trouver mieux, qu'il lui suffit d'un geste, d'un mot. Il a de l'avenir, il est grand, il a de qui tenir. Il est riche, il est beau. »

Un mot retint son attention. « Grand. Elles disent ça les femmes ? » Je répondis : « Ce sont surtout les hommes qui aiment être grands, alors les femmes le savent. »

Et déjà il disait :

Un qui est grand qui est fort
Un qui que quand elle veut...
Lui offrira la lune...

« Ça t'amuse ?... Ça va passer dans l'indifférence générale, mais on aura ri avant. »

Jérusalem aura vu naître la première idée du « Lion », la Polynésie aura porté son développement et Los Angeles en aura eu raison. Cela faisait quinze ans en tout.

À la Guadeloupe, nous nous arrêtâmes pour une étape famille, l'oncle, la tante et surtout la grand-mère qui, disait-il, parle un joli français. Il restait là, à l'écouter, à regarder briller le pâle reflet de ses yeux presque aveugles, à imaginer ce qu'avait pu être la vie de cette femme bardée d'enfants de toutes les couleurs, du plus blanc au plus doux noir, avec quelques papas épars sous terre et sur terre, et qui maintenant fleurie de cheveux blancs l'attendrissait par son joli français. Il se sentait bien parmi ce petit monde, et il affirmait très sérieusement avoir quelque ancêtre noir qui lui avait laissé, pour preuve, ses lèvres nègres.

Pas de travail en Guadeloupe. Il y avait trop de pèlerinages, trop de jours heureux à se raconter encore, trop de tendresse épanouie.

Mais ce n'était qu'un répit, car dans une gendarmerie en Martinique, où une escale amitié nous avait déposés, il commença à faire tonner des « ba ba ba », tandis que « Les femmes aux cuisines s'occupaient du repas ». Toute la gendarmerie résonnait comme une maison vide entre béton et carrelage.

Ils n'ont plus rien à se maudire
Ils se perforent en silence
La haine est devenue leur science
Les cris sont devenus leur rire.

Réflexe immédiat, je sors de la cuisine : « Enregistre ! »

Pour ne pas perdre sa mélodie tout en allant chercher son magnéto, il ne s'arrêta pas de fredonner, sa voix était claire, forte et belle. Beaucoup plus claire qu'avant, il n'y avait plus ces résidus de nicotine qui lui troublaient le timbre. Il le reconnaissait. Il n'a plus jamais fumé une cigarette depuis la veille de son opération. Il essayait de se souvenir du goût de cette dernière cigarette quand parfois lui prenait l'envie de fumer. Il ne fut en fait jamais troublé par le manque de cigarettes après avoir fumé trois et même quatre paquets par jour. Par discipline, par devoir, il n'aurait jamais cédé.

Il s'installa dans le salon, mit son magnéto sur un meuble qui par hasard se dressait jusqu'à la hauteur de sa bouche comme un micro bien réglé et il s'enregistra. Comme il aimait fouiner dans les cuisines il vint rôder par là : « J'aime chanter dans les cuisines, ça sonne bien », dit-il à la maîtresse de maison et il lança un énorme « Don Giovanni ».

Ce qui m'étonnait le plus, c'était la rapidité avec laquelle les événements l'imprégnaient d'images qu'il traduisait aussi subitement en vers. En fait le travail le plus long était l'affinage de ses idées. Éviter les malentendus. Il sortit donc de la cuisine pour noter :

Le piano n'est plus qu'un meuble
La cuisine pleure quelques sandwiches
Et eux ressemblent à deux derviches
Qui toupient dans le même immeuble.

C'était l'amour finissant dont il parlait plus haut qui venait claironner son envie de finir là. Il entendait dire d'un enfant : « Il a tous les défauts de la grand-mère. » Ce qui lui faisait dire : « Ils ne voient plus dans leurs enfants que les défauts que l'autre y laisse. »

Peut-être n'était-ce pas si extraordinaire, en fin de compte, mais cela m'émerveillait...

« Plus jamais, plus jamais, fit Jacques. On ne m'y reprendra plus jamais. Un racisme pareil, ils sont laids, ils sont tristes, décidément les îles anglaises n'ont pas l'once d'une joie. »

Il s'agissait de Port of Spain, le racisme nous regardait, imbécile et inconvenant.

Allons-nous finir un jour cette haine. Il y a le racisme blanc pour noir, noir pour blanc, blanc pour blanc qui va avec un noir, noir pour noir qui va avec un blanc. Que de temps perdu !

À l'aéroport ils ne nous quittaient pas des yeux avec cette arrogance que donne le nombre. Ce fut une attente longue et pénible. Les passeports qu'on vous prend sans un mot avec une indifférence voulue et calculée, et qu'on vous rend sans plus de paroles. Le regard en dessous qu'on vous jette, méprisant, faussement soupçonneux, juste pour faire un peu peur. On les entend rire du fond de leur ventre, en voyant dans nos yeux ennuyés la contrariété d'être retardé. On se fatigue de passer les douanes et immigration quand on ne veut que voyager. À force de s'entendre dire : « Back, back » comme à des porcs pour rester dans l'enclos, on a envie tout bonnement de retourner chez soi.

Avec soulagement, nous décollâmes pour Caracas où le Concorde nous forçait à venir. Nous y retrouvâmes la chaleur moite, étouffante et suffocante que nous avions subie lors de notre escale en bateau. Elle n'a pas changé, elle est toujours aussi envahissante, collante, adhérant au corps comme une seconde peau.

Nous sommes retournés dans cette même petite marina où nous avions assisté au spectacle des riches propriétaires du coin qui partaient en week-end sur leur bateau, en s'éloignant simplement du quai. Ils donnaient un peu de mou et plantaient l'ancre au beau milieu de la marina. Le dimanche soir ils faisaient la manœuvre inverse et ils étaient, je l'espère, heureux de leur navigation.

« J'aime l'outrance », disait-il souvent, mais je crois que pour l'air conditionné le mot ne convient pas. Je suis sous les couvertures, laissant dépasser le bout noir de mon nez et je suis effrayée de la tranquillité avec laquelle il est installé à lire et relire ses textes, torse nu, dans la ventilation de l'appareil. Et voilà que le soir il ne peut plus parler. Allons bon ! Alors ça c'est nouveau ! Le lendemain, il murmure. C'est la première fois qu'il se retrouve aphone depuis qu'il ne fait plus de scène.

Nous sommes à l'aéroport de Caracas dans la partie réservée aux passagers du Concorde. Il y a juste une corde doublée de velours rouge qui nous sépare des autres passagers, et un tapis de corde de même couleur qui nous trace le passage. Des chaises accrochées les unes aux autres bordent ce tapis, et nous avons l'air de spécimens, tant les gens nous regardent fixement. Nous sommes invités à prendre un petit déjeuner sur ces chaises enchaînées et l'envie nous manque ; l'œil du petit garçon de l'autre côté de la corde se pose des questions.

L'embarquement nous est susurré comme partout et nous arrivons à l'aire de stationnement où l'avion nous attend. C'est effectivement une belle bête et on aurait voulu le voir transporter le monde, malheureusement, nous ne sommes qu'une poignée de passagers. Les hôtesses, maquillées comme pour un bal, désoccupées, nous dérangent trop souvent et on triche un peu en fermant les yeux. Jacques commence à regretter de s'être laissé aller à ce surplus de fraîcheur et économise ses paroles. Nous avons les vitesses affichées sur un panneau en face de nous et nous surveillons la vitesse du son. Nous sommes conviés à l'avant et l'équipage gentiment nous donne les caractéristiques de l'avion. Mais la vitesse, les performances ne le fascinaient pas. En avion, ce qu'il aimait c'était voler et rester dans l'air le plus longtemps possible. Je me souviens qu'il ralentissait le Lear Jet pour que cela dure encore.

Jacques à son arrivée à Paris ne perdit pas un instant. Dès le lendemain il vit son orchestrateur François Rauber et son pianiste Gérard Jouannest. Il disait qu'il fallait faire vite pour ne pas s'éterniser dans la ville, mais surtout il avait hâte de lire leurs critiques et de s'enfoncer dans cette aventure, pour découvrir comment allait répondre son corps, à tout ce qu'il allait lui demander, et avoir ses inquiétudes dans le dos.

C'était les premières personnes de métier à qui il allait faire écouter ses chansons. Je me souviendrai toujours de l'ambiance de cette entrevue, mêlée d'inquiétude et de trac de toutes parts.

J'avais réenregistré les chansons sur cassettes, dans l'ordre que Jacques avait choisi. Il y passait un temps fou. C'était toujours mûrement réfléchi. C'est pour cela qu'il est tout à fait dommage qu'on brise un disque, quand l'auteur a pris tant de soins à le présenter dans un ordre déterminé. Il me voulait attentive aux réactions de chacun. Lui, comme à son habitude, marchait, les yeux en mirador. Il chantait muettement en même temps que l'enregistrement, et toujours avec cette main souple qui déposait les mots.

Son regard s'attachait à chacun de nous juste quelques secondes ; le temps de capter l'écho de nos pensées. « Ça va ? disait-il, ça va ? Si ça ne va pas, il faut le dire. Il ne faut pas que ça vous ennuie. » Et l'on continua jusqu'au dernier morceau enregistré. Il y manquait bien sûr les chansons qu'il avait travaillées durant le voyage, dont l'une d'ailleurs ne se révéla pas satisfaisante et n'obtint pas l'approbation finale.

On ne sait jamais assez la tendresse des hommes et Jacques se trouva tout ému de découvrir celle de ces deux-là. En sortant, il s'est senti porté, protégé, soutenu par cette petite fibre si fragile, si transparente qu'est une vraie amitié. On montre des miroirs, mais quelquefois on a besoin qu'on vous en montre aussi. Et Jacques avait vu leur miroir ; il s'y était baigné et en était sorti comme rafraîchi.

Répétitions, indications d'orchestration, un jour l'un, un jour l'autre. Jacques travaillait fermement, mais sa voix était toujours restée à Caracas et ne se décidait pas à revenir, ce qui le gênait énormément pour le choix des tonalités. Et le cancer qui voulait aussi participer et qui le faisait chanceler parfois comme ce matin-là.

« Tiens-moi.

– Qu'y a-t-il ?

– Tiens-moi, ça ne va pas fort, ne bouge pas, ne dis rien. Je me sens partir. »

Je me plantai au sol, faisant appel à toute ma force pour supporter son poids et ne pas tomber avec lui.

Quand il reprit un peu ses esprits, je l'aidai à s'allonger. Pourtant Jacques ne céda pas au chantage de la maladie.

Il continua de travailler à son disque. Afin de mieux faire son choix parmi les chansons possibles, il avait décidé de tout enregistrer...

Pour les premières séances, Jacques avait choisi les chansons calmes. Avec pas mal de questions dans la tête, il passa la porte du petit studio B, la guitare à la main. Ça lui faisait quelque chose, ça se voyait. Il allait débuter une fois encore.

M. Lenhert, qui a été le technicien de tous ses disques dans la maison, le reçoit avec son jeune assistant Jean-Pierre.

Le studio est presque intime et convient à la lecture de la lettre à « Jojo ».

Ils sont prêts, on ne perd pas de temps, on peut commencer.

Nous sommes entre nous. Jacques a confiance en ses musiciens qui sauront ne pas être indulgents, en la technique qui sera vigilante et en moi qui possède les éléments de comparaison. Il a besoin de nous sentir là, de sentir notre adhésion. Autour de lui règnent un calme, une douceur, et un respect qui prennent corps dans l'espace.

Jacques s'installe devant son micro, fait les essais nécessaires à la prise de son. C'est bon. On met le rouge. Et il chante. Il s'accompagne à la guitare, il nous oublie, il parle à Jojo.

Jojo se retrouve en un instant près de lui, là dans le studio, comme au temps de Marieke, comme au temps de Vesoul. Il lui parle, il lui dit qu'il l'aime encore. « Tu comprends, me disait-il, je m'adresse à lui. » On écoute, il me semble déjà que ça va, mais on ne peut pas commencer une séance avec une seule prise. Il se remet en place, recommence, vient nous rejoindre en cabine.

« Qu'est-ce que tu en penses la Doudou ?

– Pour moi, c'est bon. »

Pour François et Gérard, c'est bon, pour la technique aussi. « Alors ça va », dit Jacques et on passe à la suivante.

La suivante est plus dite que chantée. Il parle avec l'accent belge et c'est un vieux Belge malade qui « banalise » sur ce qu'il voit de sa fenêtre.

Je préfère la version des Marquises et Jacques recommence sans hésiter. Cette chanson ne sortira finalement pas sur le 33 tours.

Ainsi s'acheva la première séquence d'enregistrement. Nous écoutâmes encore plusieurs fois pour être sûrs de ne pas trop nous tromper et ce fut tout.

Il me semble qu'à aucun moment, son esprit ne reste en repos. L'œil mi-clos, il était déjà en train de plaisanter, de murmurer une pensée : « Je n'aime que ce qui frissonne », ou encore :

Clair de lune
Clair d'amour
Clair de mort
Venez Madame, ne faites pas attention,

m'invitant à sortir du lit, l'autre matin.
On se levait déjà pleins d'envie d'être ; à ces moments, on pouvait croire que ça n'allait jamais finir.

Jacques, debout très tôt, se réécoutait, s'imprégnait de son texte et nous partions au studio. Il était contraint d'enregistrer le matin car les après-midi lui devenaient pénibles, alors nous partions relativement de bonne heure.

Les enregistrements se déroulaient ponctuellement, efficacement, sans perte de temps. Jacques peu à peu s'engageait dans sa nouvelle fonction. Il se campait devant le mirco, les jambes écartées, les pieds en troisième positoin. Je dis troisième position, influencée par la danse, mais c'était inné chez lui. Il n'aurait pas eu de peine à danser. Ce qui lui permettait quelques plaisanteries à mes dépens. Il chantait avec son ventre, apprenait à utiliser les trois litres un qu'il lui restait pour lancer ses chansons d'un bout à l'autre, sans trop perdre sa respiration.

Il était épuisé bien sûr, même avec une chanson lente, car c'était une gymnastique nouvelle pour ses poumons malades. Il me disait : « Reste près de moi. Surveille-moi », et je veillais à ce qu'on ne voie pas trop sa fatigue, je m'approchais de lui et il pouvait s'appuyer sur moi négligemment sans éveiller l'attention. Ce n'était pas par coquetterie, c'était pour ne pas faire peur aux gens.

Nous vivions sur un autre rythme de vie depuis notre installation aux Marquises et il nous fallait attendre l'ouverture des restaurants presque devant la porte, si bien que nous prîmes l'habitude de prendre nos repas dans les brasseries. Aux Marquises, nous vivions avec le soleil. À Paris, à cette époque de l'année, les journées n'en finissaient pas de finir et nous étions désorientés. Souvent, attendant que le cuisinier du restaurant ait fini de déjeuner ou de dîner, Jacques griffonnait quelques idées sur le coin de la nappe en papier : « On se sait vieux lorsqu'on constate que tous les vieux que l'on croise sont plus jeunes que vous. » « Lettre ouverte à mon fils que je n'ai pas eu. »

Nous discutions un peu de nos journées et il s'inquiétait de mon avis.

« Qu'est-ce que tu en penses des enregistrements ? J'aimerais tellement te faire honneur. » Comment lui dire qu'il me faisait honneur et que je n'aurais pas cédé ma place pour un empire. Je le lui ai dit, mais je ne sais plus comment.

C'était un homme à listes. Il y avait les listes des commissions, les listes des réparations, les listes des plats qu'il savait faire, les listes des plats à apprendre, les listes de ce que je devais faire, les listes des gens classés archives, et les listes des gens à voir. Alors donc, nous voilà invités chez Lino Ventura avec Brassens. Nous sommes arrivés en même temps que Brassens et...

« Tu ne connais pas Brassens ? me dit-il. Regarde, tu vas voir. On va marcher sur lui. Regarde bien. Il va se dresser comme un ours. Il est en train de se demander quel est le couillon qui vient encore l'emmerder. » Il riait à cette pensée et effectivement Brassens fit un mouvement de recul, se mettant sur ses gardes. Jacques étant de blanc vêtu, coiffé d'un feutre de cow-boy, un peu plus ventru qu'il y a quelque dix ans, il était assez difficile de le reconnaître dans la nuit presque noire du jour finissant.

On plaisanta sur la mort ; chacun avait des peurs différentes et chacun riait des peurs des autres. Ce dîner chantait l'amitié. Jacques en eut une joie très vive.

Quand on rit, on oublie ses angoisses, on oublie les sanglots qui se cachent au fond de la gorge et qui sont toujours prêts à inonder vos douleurs.

Les hommes, quand ils se mettent à être courageux, sont les merveilles qu'il faut protéger. Mais quelquefois on n'y arrive pas bien et quelquefois ils n'arrivent pas non plus à être courageux, quand, le corps trop malade, ils se laissent aller à l'envie de pleurer. On ne peut que tendre l'épaule pour leur faire une place. On rejette la tête en arrière, comme si cela avait jamais empêché les larmes de couler et on fait appel à toutes ses forces, à toutes ses influences pour être un instant celle qui apaise, celle qui calme la douleur.

« Comment est ma tête ce matin ?

– Ça va, tu as plutôt bonne mine.

– Je ne te fais pas peur ?

– Non.

– Alors ça va, tu veilles, n'est-ce pas ? Nous irons à pied au studio ce matin. »

Les séances s'étoffaient de musiciens au fur et à mesure de la progression des chansons. Ce matin il y a tout l'orchestre. « Il va me falloir du souffle, mais ça m'excite encore. » Il s'agit de *Knokke-le-Zoute Tango*. Il retrouve quelques musiciens dont Marcel Azzola, avec lequel il aimait beaucoup travailler, car ils se comprenaient bien. « Il a de la tendresse », disait Jacques. Ils étaient en accord parfait. C'était assez extraordinaire car Jacques n'avait rencontré Marcel Azzola qu'en séances et cela se passait toujours avec finesse.

Le rouge. Silence.

1, 2, 1, 2, 3...

« Le soir où je suis argentin... »

Il faut qu'il arrive jusqu'au bout sans faiblir, et moi qui sais ses nuits !... Je retiens mon souffle et j'ai le cœur qui tremble de peur d'une erreur de l'une ou l'autre partie qui l'obligerait à recommencer trop souvent.

Je commence à évaluer l'ampleur de la fatigue accumulée par toutes ces nuits blanches à travailler encore jusqu'au dernier moment.

Je panama, je partagasse
Je suis l'plus beau je pars en chasse
Je glisse de palace en palace...

Dernière idée, cette nuit lui est venue l'envie de reprendre tout le texte en parlant.

...

Parmi les livres de Dutourd.

Ce Dutourd, pour une fois, nous étions contents d'entendre son nom.

Les archets vibrent.

Jacques remercie les musiciens.

Je demande l'explication de ce battement d'ailes.

« C'est qu'ils sont contents et qu'ils apprécient ; à l'inverse, il y a un torrent de silence et on se noie dedans en appelant sa mère. »

Ce fut un hommage qu'il apprécia et qui récompensait ses efforts. Il fallait bien admettre que chanter n'était pas si évident que cela. Il avait mal à chaque note. Bien sûr, il aimait se mesurer aux choses difficiles, mais dans cette épreuve-là, il y avait la douleur physique en plus.

Jacques, à chaque séance, partait à la conquête de son souffle, tandis que dans les bureaux, les spéculateurs polarisaient toute leur énergie sur les probabilités de ventes du dernier Brel.

De jour en jour, il devenait évident que lui, Jacques, n'intéressait personne. Il rentrait à l'hôtel doublement épuisé.

Pas une fois quelqu'un de sa maison de disques ne se présentera pour l'écouter chanter. Par contre, on lui envoyait les gens susceptibles de faire des orchestrales.

Ce matin nous marchons vers le studio pour la dernière séance d'enregistrement. Paris en septembre porte les vacanciers en sursis. Un passant nous croise et on sourit de sa remarque. « Il ne lui manque que son cheval ! » a-t-il dit en apercevant la tenue cow-boy de Jacques qu'il n'a pas reconnu. « Ça c'est drôle, dit Jacques, celui-là me fait rire. »

Nous arrivons au studio, les musiciens sont prêts. Nous avons deux minutes de retard. Jacques s'en excuse et pour ne pas faire attendre davantage, il ne répète pas.

J'ai juste le temps de lui glisser son texte et il s'installe devant le micro. Il est prêt lui aussi. Il part aux Marquises.

« Ça te va, dit-il ? » Et s'adressant à ses amis : « Ça vous va ? » Tout le monde acquiesce. « Alors pour moi c'est bon aussi. » Ce sera la seule prise.

« Tu vois, je n'ai pas fini de t'épater. On ne s'amuse pas ici, on travaille, dit-il en riant. » Puis il regarde sa montre : « Il est trop tôt pour passer à table ! »

Voilà le dernier enregistrement fini. Le dernier effort consommé. C'est le grand soulagement.

Il reste les séances de mixage qu'il fera toujours en collaboration étroite avec François Rauber et Gérard Jouannest. Gerhard Lehner est toujours fidèle au poste.

Son travail physique était terminé, mais il avait encore toutes ses incertitudes à maîtriser.

À la fin du mixage, il maintint que certaines de ses chansons ne donnaient pas ce qu'il souhaitait, comme il le soupçonnait déjà un peu d'ailleurs à l'écriture. Celles-là méritaient quelques modifications.

Pour *Le Lion* il trouva la conclusion pendant cette période de mixage.

Il m'installa devant le micro avec lui et il me dit : « Quand je te ferai une pression sur le bras, tu diras : " Jacques ! " et tu changeras de ton à chaque fois. »

Nous n'avions pas eu de visite au studio, mais nous avions les photographes sur le dos depuis huit jours au moins, qui surveillaient nos moindres pas. Ils allaient jusqu'à se cacher sous les voitures stationnant devant l'hôtel. Quel métier !

Paris devenait impossible et notre vraie fuite commença.

J'aurai peut-être beaucoup parlé des journalistes ; c'est qu'ils ont énormément marqué notre vie. Ces gens-là parlent abondamment du droit à l'information. Mais, me semble-t-il, lorsque Jacques Brel tournait son deuxième film, là-bas au nord, dans quelque décor belgien, personne ne s'en inquiétait. Un camarade s'est trouvé détenteur exclusif d'un reportage photo par défection massive des revendicateurs du droit à l'information. Il est vrai que Jacques Brel n'était pas malade. Est-ce que la mort d'un homme est plus importante que ses actes ?...

Alors nous avons fui. La Suisse une fois de plus allait nous accueillir.

Jacques entreprit de repasser ses licences I.F.R., tandis que j'apprenais à bien piloter notre avion. Il avait trouvé un avion du même type que le nôtre sur lequel je m'appliquais à faire des progrès. « Il faut que tu puisses te poser si j'ai un pépin en vol. »

Là encore il a fallu se battre pour faire admettre aux médecins que piloter était vital pour lui, que lui supprimer son aptitude était renforcer son infirmité et qu'il était inhumain de le priver du seul endroit où, je ne sais par quel pouvoir, il se sentait bien. Sans mal, sans douleur ou si peu.

« Si vous me refusez le droit de voler, vous me refusez le droit de vivre. Vous devriez avoir honte. Vous n'êtes que des vaincus, il faut tout de même vous le dire de temps en temps. »

Il obtint son aptitude, passa ses qualifications sur Lear Jet pour compliquer l'affaire. Rajouta une séance de voltige sur Stamp à laquelle il me fit prendre part sans que j'eusse le temps de réfléchir. Notre pilote avait été champion du monde d'acrobaties aériennes.

Je me suis retrouvée dans les airs. La tête en haut, la tête en bas. « Comme ça, disait-il, tu sais de quoi je parle. »

Renversement, vrille, vrille à facette... OK.

Cependant, le rêve d'avoir un Stamp aux Marquises s'est évanoui ce jour-là. En descendant de l'avion, Jacques me confia qu'incontestablement, il y avait des positions que son corps ne pouvait plus subir.

Tout cela se passait à Sion où s'exerçait encore tous les dimanches, à l'âge de soixante-cinq ans, notre champion du monde vaudois. J'étais en instruction, tout le monde rentrant à Genève, j'avais donc la charge de ces impressionnants passagers. Je m'efforçais d'être attentive afin d'obtenir une mention honorable.

Quand les turbulences se firent sentir, d'après les initiés, toujours au même endroit, ils prirent un ton tellement décontracté pour me le dire que je fus bien obligée de trouver cela normal. Je n'avais plus qu'à essayer de ne pas me laisser emporter et tenir mon niveau. Jacques commentait serein : « Quelquefois c'est bien plus sévère que ça ! » Et s'adressant à l'instructeur : « Qu'en pensez-vous ? – Aujourd'hui c'est calme », répondit-il. C'était une vraie conservation de salon. Sortis du goulet dans lequel nous étions, l'air retrouva sa stabilité et nous nous posâmes peu après à Genève.

Mission accomplie. Jacques avait sa qualification. Moi je pouvais me poser sans trop casser, alors on quitta l'Europe.

Jacques avait demandé à voir les maquettes de présentation de la pochette. Par respect pour les personnes qui avaient collaboré au disque, il avait émis le souhait de voir figurer les prénoms en entier, contrairement à ce que l'on voit souvent, et il s'était personnellement chargé de le signaler : « Ces personnes ont un prénom, il faut le leur laisser. »

La première maquette qui lui parvint avait des G., des F., et des J. Par contre, le prénom du maquettiste figurait en entier et en plus gros que celui de l'orchestrateur. Devant cette maquette qui ne représentait que des nuages sur fond de ciel bleu, et qui ne lui plaisait pas, il fit ce commentaire ironique et exaspéré : « C'est sûr, il a dû avoir un mal fou à trouver une diapositive de nuages au drugstore ! »

Jacques entra dans une colère énorme, comme je n'en avais encore jamais vu. Il téléphona à la maison de disques et demanda le responsable de ce département ; on entendait ses hurlements à l'autre bout de l'étage.

Il n'en pouvait plus. Lors de sa visite personnelle, il avait dû déjà affronter la secrétaire qui, sûre d'elle, lança : « Alors monsieur Brel, comme ça vous commencez par Jaure ?

– Jaurès, mademoiselle... »

Le lendemain elle le rappelle : « Monsieur Brel ! Vilebrequin s'écrit avec deux l.

– Non mademoiselle, un l.
– Mais enfin monsieur Brel ! Ville, deux l, c'est évident.
– Alors achetez-vous un dictionnaire, je ne vois que ça. » Et il raccrocha.

Personne ne s'excusa. Par la suite, on apprit que celui qui avait eu la gentillesse de lui remettre la cassette se le fit reprocher fermement. Voilà tout.

Nous quittons donc enfin l'Europe, où l'imbécile compte à rebours avait commencé.

Bangkok, Hong Kong, Singapour, Nouméa. Un temple à Bangkok, une photo souvenir et l'élan se brise. Rien à faire pour oublier Paris. Il se sent trahi.

À Hong Kong, l'agent le harcèle encore. Jacques ne veut pas le recevoir. Mais il insiste et raccroche en me disant qu'il vient. On dîne avec lui. Le lendemain je le raccompagne à l'ascenseur, Jacques me demande : « Que t'a-t-il dit ?
– Il est venu parce qu'il s'inquiétait de te voir partir ainsi.
– Il n'a rien compris », fit-il amèrement.
« Où est Jojo ? Avant on me foutait la paix. Ne sois jamais malade. »

Je n'avais rien à dire. J'attendais. Un jour il se leva et me dit : « Merci. » Et il recommença ses plaisanteries. Nous pûmes rire et nous promener dans les rues de Hong Kong. Complètement inconnu, il se sentait en sécurité. Entre les chagrins d'homme, il faut rester des enfants. Il se mit à faire des farces et voulut des photos habillé de son Éden et de sa canne, et c'est en professionnel qu'il me donnait les différents diaphragmes.

À Nouméa allait nous arriver une aventure peu banale, lors d'une balade en mer, la première que nous acceptions depuis que notre bateau avait changé de propriétaires.

Jacques parlait d'*Askoy*, de ses avantages, de ses inconvénients, le décrivait en quelque sorte. Nous naviguions du côté des îles des Pins. Pendant qu'il parlait des caractéristiques du bateau, mes yeux se fixèrent sur une tache noire au loin. Quand je fus assurée de ce que je croyais, je le fis remarquer à Jacques. Il n'y avait pas de doute possible, il n'y avait pas deux bateaux comme lui. Jacques s'étonnait avec moi. « Tu as raison, on dirait bien

Askoy ! » C'était assez extraordinaire car il n'y avait aucune raison pour qu'on soit en bateau ce jour-là. C'est à cause d'un contretemps dont nous étions responsables que nous avions accepté cette balade. Pour nous, le bateau c'était terminé, et c'était d'autant plus vrai pour un bateau à moteur à essence. Jacques en avait horreur.

La coïncidence était agréable, mais quand nous nous approchâmes, ça l'était beaucoup moins.

« Mes vernis, regarde mes vernis, et la rouille... » J'avais passé des heures sur le pont à gratter et frotter. Je me souviens que nous avions un petit enregistrement où l'on entendait Jacques gratter sa guitare sur fond de grattage de vernis. Et la rouille maintenant, qui cachait presque le nom du bateau : « ASKOY – R.Y.C.B. ANTWERPEN. » « J'aurais préféré ne pas le revoir, me dit-il, n'y pensons plus. Il ne faut pas s'attacher aux choses. » L'aventure *Askoy* s'est achevée là.

Le vol de retour sur les Marquises est une vraie fête.

Nous nous posons et, déjà, nous apprenons que Jacques aurait offert un milliard pour la recherche sur le cancer.

« Qui a dit cela ?

– À la radio, on a entendu, répond notre ami tahitien. Alors c'est vrai ? ajoute-t-il.

– J'aurais bien aimé, ce qui prouverait que je l'ai. Tu sais, je viens de faire ce disque et je ne verrai rien avant dix-huit mois au moins. J'aimerais bien savoir qui a osé lancer une chose pareille. Quel acharnement ! »

Le courrier qui l'attend est volumineux. Dedans, quelques lettres gentilles et deux allusions à ce milliard. Ce sont des lettres de femmes. L'une l'insulte en disant qu'il y a mieux à faire que de donner un milliard pour la recherche sur le cancer, l'autre parle d'un Chinois qui le mérite davantage et qui serait mieux à même de le soigner.

Jacques commence à comprendre que cette annonce a dû faire le tour du monde, et sa bonne humeur faiblit à la pensée de tout ce que cela représente. « Les journalistes n'ont pas pu trouver cela tout seuls. On se joue de tout, de tout. On ne respecte plus rien. Mais où je vis ? »

Une certitude est en train de naître : il n'y aura plus de prochain disque.

Nous sommes dans la piscine, il fait beau. Gémir n'est pas de mise et nous recommençons à faire les fous.

La radio annonce une émission « Spéciale Jacques Brel ».

« Écoute, c'est François qui parle... Il a raison de dire que je ne suis pas content du tout... Ils m'ont vendu et mal vendu.

« Marcel Azzola... Il avait autant le trac que moi... Eux (les musiciens) ont été gentils.

« Écoute un peu... Ils en sont toujours à ma misogynie... J'ai dit des choses pas mal !... Quelquefois. Après tout c'est vrai. Je n'aime pas la compagnie des femmes. Regarde Albert, il lui faut la compagnie des femmes autour de lui, il est béat, il est content. En fait, je déteste les femmes que je n'aime pas. Quand tu rencontres des femmes qui disent des conneries, tu ne peux pas leur dire : " Taisez-vous ! " Et cela fausse tout.

« Moi, c'est la première fois que je n'ai pas honte, je veux dire honte pour moi, d'avoir une femme. Et je le dis. Il faut savoir ce qu'on aime dans la vie.

« Écoute, écoute... Ils ont dû aller fouiller dans toutes les réserves pour pouvoir couper des petites phrases par-ci par-là. Même Madeleine Renaud aura servi ; c'est encore à cause de toi (allusion à mon passage dans la Compagnie).

« On est bien dans la piscine pendant qu'ils sont en train de dire des couillonnades sur moi. On est mieux là, tu ne trouves pas ? »

Le poste continuait à ronronner. On passait *Le Bon Dieu*. Comme il était toujours à l'affût d'une plaisanterie, d'un jeu, il se mit à vouloir mimer une scène de tournage. Nous étions deux figurants et nous devions suivre les indications du metteur en scène.

« Attends, on a le temps. »

« Pardon ? » fit-il comme s'il n'entendait pas ce que disait le metteur en scène, et il me répétait ce qu'il semblait avoir entendu : « Il nous a dit de nous mettre dans l'axe du pot de fleurs... Attends... Il a dit qu'à Bon Dieu on doit sauter. » Il me porta dans ses bras, se mit dans l'axe du pot de fleurs qui bordait la piscine et attendit le signal. « Tu es prête ?... Un, deux, trois, on y va. » Et il me lança, me fit faire un plongeon, lui de son côté faisant semblant de couler. « Je cououououle. » Il éclatait de rire : « Ah ! ah ! ah ! c'est bon de rire ! Éteins-moi ce poste. C'est leur problème.

« Je t'aime. Tu es bien ? C'est fou ce que l'on est heureux, il ne faudra jamais l'oublier. C'est rare.

« Allez viens. On va changer l'avion de place. Il doit souffrir en plein soleil. »

« Tu auras du travail après ma mort. N'oublie jamais le mal qu'ils m'ont fait.

– N'y pense plus. On avait dit qu'on n'en parlerait plus.

– Ça m'est tout de même resté en travers de la glotte. »

Nous étions le 30 décembre, qui allait être notre dernier réveillon.

« Si on décidait de réveillonner tous les deux, et demain avec les copains ?

– D'accord !

– Râble de lièvre, ça te dit ?

– Et moi je fais la bûche !

– C'est amusant, on fait ce que l'autre aime. »

On dîna tous les deux et ce soir-là était propice aux confidences. Jacques me dit ceci :

« Nous deux on va bien. J'espère que cela durera encore longtemps. Nous deux on est amoureux et on s'aime et on est bien ici. Viens te reposer sur ma branche. Je t'aime tant. J'ai une totale confiance en toi. Ne bouge pas ! Je suis heureux que cela t'arrive, je t'aime tant.

« Tu pourras dire que tu as rencontré un homme qui t'aura aimée.

« Quand je serai mort tu pourras dire que c'est mieux ainsi. Tu me comprends ?

– Tu as mal ?

– Oui et ce n'est pas toujours facile. Tu comprends comment je le dis ? Tu te souviens de tout ?

– Je me souviens de beaucoup.

– C'est bien. C'est une jolie vie que nous avons.

– Oui. Nous avons une belle vie.

– Tu ne regrettes pas ?

– Non.

– Tu es la seule femme avec laquelle j'ai vécu, tu sais. Avant je n'étais jamais là. »

Nous restâmes un moment sans bouger à la lueur des lampes à

pétrole, avant de retrouver notre chambre. Il faisait bon dans nos cœurs.

Nous savions que dans son corps c'était la guerre. Lui dans ses douleurs, moi dans leurs reflets. Et la paix viendrait avec la mort et on n'y pouvait rien.

« J'aimerais bien dormir. J'essaie de ne rien oublier, ma pauvre tête tourne à mille à l'heure. Mais on oublie toujours quelque chose... Puis on n'attend plus rien, on ne sème plus... Finalement, vieillir c'est être sur terre.

« Tu ne veux pas que je meure, mais que tu le veuilles ou non, ma femme...

– J'ai pensé qu'un jour en avion on pourrait aller voir la mer de plus près.

– Non, ce serait une maladresse de ma part, et tu es trop jeune pour mourir. Toi, tu dois encore essayer. Il ne faut pas me faire ça. Allez, fais de beaux rêves. »

« Tu es triste ?

– Non j'ai du chagrin. Je ne me remets pas de Paris. Toi non plus d'ailleurs. Le malentendu vient de ce que je voudrais que soient les gens et de ce qu'ils sont vraiment.

– Tu le sais pourtant depuis le temps.

– Oui, mais je ne peux pas m'y faire. Sinon je serais comme eux.

– Oublie-les.

– Je ne peux pas. Il y a des choses qu'on ne doit pas oublier. Je n'ai aucun respect.

– Le savent-ils ? Quand tu leur parles durement, tu t'en excuses à l'avance.

– Parce que j'ai bien envie de les aimer. Je me dis qu'en les aimant, on peut leur faire comprendre tellement de choses. Peut-être les amener à réfléchir. Je me dis encore que ça peut leur éviter un certain nombre d'erreurs. Je me dis qu'il y a des actes qu'ils n'oseront pas commettre.

– Crois-tu qu'il soit possible de changer le monde ?

– Ce n'est pas pour cela qu'il ne faut pas essayer. Tu ne comprends pas cela ?

– Je comprends qu'ils ne comprennent pas que tu sais ce qu'ils sont.

– Ça n'a pas d'importance, puisque moi je le sais. Je préfère être pris pour un imbécile. Tu ne penses pas ?
– Je ne sais pas... C'est difficile !
– Moi je t'affirme que je préfère être à ma place, plutôt qu'à la leur. Ah ça oui ! Ah oui !
« Enfin la Doudou, crois-tu vraiment que je ne sais pas tout ça ? J'ai écrit pour qu'aucun titre des enregistrements restants ne sorte sans mon consentement. Il m'a été répondu qu'il en sera comme je le désire. Je sais bien comment tout cela va se passer. Je sais bien tout ça.
« Cette fois ils m'ont fait mal. Ils m'ont fait très mal.
– Je t'entends dire que tu n'aimes plus les hommes, et dès qu'il y a un appel au secours, tu cours presque trop vite.
– Alors dis-moi, la Doudou, comment peut-on vivre autrement ? Je me refuse à être comme eux.
– Ils te font du mal, et je n'aime pas cela.
– Toi tu es comme Mimine avec ses petits ; dès qu'on m'attaque, tu sors tes griffes. Si au moins je n'avais pas mal, quelle saleté cette maladie, les toubibs disent que ça ne fait pas mal. Mon cul oui !
– Mets ta tête sur moi, je ne peux pas grand-chose, mais je suis là.
– Je sais, et c'est bon, je te remercie. »

Mais aucune douleur ne l'empêchait d'aller voler. Aujourd'hui était jour de courrier pour Ua-Pou et il pleuvait si fort que je m'enfonçais dans le lit, rêvant déjà à une grasse matinée. Taratata !...
« Allez... Lève-toi, on nous attend là-bas.
– Les Marquisiens ont ceci de particulier, ils n'attendent personne, la vie passe sur eux, c'est tout.
– Oui, mais moi je ne suis pas marquisien, et j'ai dit que je viendrais, alors lève-toi. D'ailleurs j'ai compté : tu as dormi douze heures deux. »
Alors nous sommes montés au terrain. Treize kilomètres qui en valent quatre-vingts. Dans la boue, la gadoue, on dérape malgré les quatre roues motrices. Pas besoin de faire du sport aux Marquises quand on fait régulièrement le trajet du village à la piste d'aviation. On se fait tous les muscles. On se cramponne au

volant, on serre les fesses près du ravin, et on joue du pied avec finesse constamment. La montée est un rêve à côté de la descente, et je connais bon nombre de gens qui, débarquant par temps de pluie, ont préféré rejoindre le village à pied. C'est la hantise de certains pilotes quand ils viennent aux Marquises. Après un voyage contraignant, se retrouver à déraper dans une voiture de tourisme, ils en attrapent des crampes aux fesses.

Nous voilà arrivés dans la partie plate de la route qui annonce la proximité de la piste d'aviation. Là on peut facilement faire du quarante à l'heure et on ne s'en prive pas.

La biroute un peu effilochée flotte au vent tournant. L'air est frais sur ce plateau, et le spectacle du grand cirque de montagnes dans les nuages ou au clair soleil est toujours merveilleux.

Première étape, le hangar en bout de piste d'où il faut sortir l'avion en l'accrochant à la voiture et le mener jusqu'au stockage des bidons d'essence. Tout cela est fait avec un grand soin, avec précision. Jacques est le seul pilote à la ronde, mais il est aussi le seul mécanicien. Le plus près de nous est à mille six cents kilomètres. Alors il faut le soigner cet avion, pour éviter d'aller trop souvent à Papeete où nous faisions la cinquante heures et la G.V. Il s'était fait « briefer » pour la vingt-cinq heures et pour les petits pépins qui pouvaient survenir, il se débrouillait. L'autre jour nous étions tous les deux la tête dans le moteur à chercher d'où pouvait provenir ce boulon qui était venu s'échouer au fond de la carlingue moteur droit.

À vivre cette vie-là, son amour de l'aviation s'était modifié, avait grandi. L'avion n'était plus le jouet des balades le long des côtes atlantiques ou des déjeuners au Touquet ou en Sicile, c'était devenu un outil. Un outil qui lui donnait la liberté.

Pour aller à Papeete des Marquises, ou l'inverse, on pouvait mettre des mois. Chaque île ne dispose que de trois places par semaine, ce qui fait dix-huit places pour six mille habitants. Quant aux goélettes, le jour où vous montez à bord n'est pas le jour du départ, tant s'en faut. Ces goélettes, faisant la course au coprah, donnent de fausses indications sur leurs déplacements. C'est ainsi que nous avons vu un couple de touristes en partance pour Papeete repasser par Atuona trois semaines après s'être embarqué.

Quelques grains à la traîne du peloton nous déposent de l'eau partout, nous empêchant de faire le plein davantage. C'est ma fonction de faire le bilan de cette opération et je calcule que, compte tenu du vol précédent et de ce que j'ai pu introduire aujourd'hui, nous avons suffisamment d'essence pour l'aller et le retour et la sécurité.

C'est que nous sommes à mille quatre cents pieds et quand les nuages se mettent à vouloir escamoter la piste à notre vue, il n'y a aucun moyen de se repérer, et la montagne est toujours trop près à ce moment-là. Nous ne pouvons que voler à vue. Alors il faut prévoir la possibilité de tourner en attendant que ça se dégage, ou si cela est vraiment trop long, d'aller se poser sur l'île de Ua-Huka, au nord-nord-est, dont la piste ne s'élève qu'à trente mètres au-dessus de la mer.

Nous allons décoller pour Ua-Pou. Quelques précisions tout d'abord. La piste de Ua-Pou a été établie dans une étroite vallée qui, semble-t-il, était le seul endroit possible. Cette vallée tarde à s'épanouir et un de ses versants s'avance jusqu'à deux cents mètres dans la mer. En bout de piste, au fond de la vallée, trois énormes pitons, sévères comme des gardes, précisent les limites du survol en basse altitude.

Le petit bras de terre crée des rabattants, et le relief tout autour limite la remise de gaz à deux cents pieds. Donc une fois que l'on s'emmanche pour poser, il faut poser.

Pour vérifier si la piste était claire, la technique de Jacques consistait à passer par son travers le long de la côte, en prenant 30° d'inclinaison sur la gauche.

Si on se pose parce que tout va bien, on roule sur quatre cents mètres, puis on subit une pente à six pour cent, ce qui fait qu'au bas du terrain on ne sait pas ce qui se passe plus haut, et là-haut la piste tourne à droite.

La compagnie d'aviation qui dessert les Marquises a effectué trois vols. Un vol technique pour ouvrir la ligne (Jacques, toujours prêt, a demandé à ce qu'on en fasse partie, c'est ainsi que l'on a découvert ce terrain le 12 juillet 76) et deux vols passagers, dont le dernier a fait l'objet d'une pétition de popas demandant la suppression de la ligne. Ce qui fut fait.

Jacques, ému par le sort réservé aux gens de l'île sur qui la porte à peine ouverte se refermait déjà, se mit en devoir de les aider. Doux rêveur ! Il croyait de cette façon donner des remords aux responsables et faire ainsi activer la reprise de la ligne. Cela a duré trois ans. Ua-Pou a été desservie à nouveau en décembre 1979.

Il leur fallait huit jours pour toucher Papeete et leur courrier pouvait mettre jusqu'à cinquante jours. La poste nous a laissés acheminer le courrier qui était déposé à Hiva-Oa le lundi, nous le leur apportions le vendredi, toujours à la même heure, 8 heures un quart. Après, le vent se lève et le terrain devient risqué. Nous prenions le courrier pour Papeete et pour l'Europe. Il n'était pas, à ce moment-là, plus difficile de prendre quelques passagers, qui en trente-deux minutes se retrouvaient sur leur île ou pouvaient rejoindre l'aéroport central qui était le nôtre.

La difficulté de s'approvisionner en essence limitait le nombre de nos vols et nous laissions de quoi assurer les évacuations sanitaires toujours à l'improviste bien sûr.

Nous n'assurions pas ces évacuations sanitaires. Nous étions prêts à le faire en cas de défection. Il y avait une compagnie sur le territoire qui en avait la charge et nous ne pouvions pas prendre sa place sans créer d'incidents. Sur Ua-Pou, ce problème ne se posait pas, mais sur Tahiti nous ne pouvions pas nous substituer à cette compagnie qui en vivait. C'était contraire à nos principes.

Nous décollons entre deux averses, il fait clair au-dessus du canal du Bordelais (nous avons toujours ignoré d'où lui venait ce nom). Jacques finissait par dire aux gens qui n'arrêtaient pas de poser la même question : « Ce doit être un bateau bordelais qui a coulé là, pourquoi pas ? » Ce canal du Bordelais se survole dans un ciel presque bleu et là-bas, en face, vers Ua-Pou, le ciel est clair.

Travers piste Ua-Pou, Jacques penche l'avion.

« Tu es prête ? J'y vais... Tu ne vois pas la voiture du gendarme ?

– Non.

– Qu'est-ce qu'il fout ? Nous sommes juste dans les temps.

– Je ne vois rien, il n'y a pas de chevaux.

– J'espère qu'il m'a bien compris hier à la radio. Je lui avais dit de se mettre sur le seuil de piste si elle était impraticable.

– Je ne le vois pas.

– Je ne le vois pas non plus. Alors éloignement, check-list.

– ... Freins... Les volets...
– Les vitesses. Vérifie le train, il est bien sorti ?
– Oui, j'ai vérifié. Train verrouillé.
– Alors les vitesses.
– 120... 120... 110...
– Nom de Dieu !... Qu'est-ce que c'est que ce machin-là ?
– Où ?
– Là, à côté de la piste. C'est le gendarme, il fait des signes.
« Il ne veut pas qu'on pose. Got verdoomer, c'est trop tard. Je lui avais dit de se mettre sur le seuil de piste... Accroche-toi la Doudou, ça va branler... Donne-moi les vitesses sans arrêt. Regarde ! Ce sont des cailloux. La piste est recouverte de cailloux ! Nom de Dieu de nom de Dieu, il faut sauter ça ! Tiens-toi, je vais cabrer et maintenir l'avion le plus longtemps possible. On était évidemment trop haut pour voir ces cailloux... Les vitesses. On va attraper une bonne suée, cramponne-toi.
– 110... 110... 100...
– Ça devrait passer ! Un caillou comme ça dans l'hélice et on est bon !
– 100... 90...
– Ça passe... Ça passe...
– 90... 85... Posé.
– Ouvre, il fait chaud là-dedans. Note l'heure. Il faut prendre des photos. Pour décoller ce sera plus pointu. On perd deux cents mètres de piste. »

Il n'a pas fini de parler qu'en haut de la piste on aperçoit une autre rivière, de bois celle-là. La pluie avait ramené des tas de branches et de caillasse sur la piste boueuse. « Nom de Dieu, c'est le Far West ici. On va s'amuser. Avec le vent dans le dos et la pente négative, le slalom entre les troncs d'arbres et le saut des cailloux ! »

On descend et le gendarme nous explique qu'il ne s'est pas mis sur le seuil, de peur que nous ne l'écrasions. Il est trop tard pour lui expliquer que sa voiture aurait été plus visible sur le blanc que sur fond de broussailles, couleur de sa voiture de camouflage.

Maintenant il faut repartir. On mesure avec le compteur de la voiture ce qui nous reste de piste praticable. Jacques décide de mettre plein pot avant le virage, presque dans la brousse pour gagner du terrain. Il prend ses repères, nous voilà partis.

« Vitesse... N'arrête pas de me dire les vitesses.
– 80... 90... 100...
– C'est juste, juste. »
Klaxon de décrochage.
« Ça va, ça va, c'est bon, c'est bon. » Ça branle un peu, on dépasse la pointe, on tient.
« Ce ne sont pas des choses à faire tous les jours, mais c'est bon, ça secoue la bête. »
Je peux affirmer qu'il était finalement ravi de ce petit incident.

Depuis notre retour, les malaises étaient de plus en plus fréquents. Il refusait de retourner en Europe car, disait-il : « Mais puisque mon toubib te l'a dit lui-même, là sur la plage, et il me l'a répété encore ici, sur cette terrasse, il n'y a rien à faire. C'est bien ce qu'il a dit ? »
Oui, c'était bien ce qu'il avait dit : « Puisque depuis quatorze mois que s'est passée l'opération il n'y a rien eu, c'est que ça va, et de toute façon si cela revenait, il n'y aurait rien à faire.
– Mais puisque tu dis que les toubibs ne savent rien, insistai-je.
– Écoute, à ma visite médicale I.R.F., ils m'ont dit que ça n'était pas fini.
– Mais justement, qu'est-ce que ça veut dire " pas fini " ? Il y a sûrement quelque chose à faire.
– Doudou, tu n'es qu'une sorcière, mais moi je suis plus sorcier que toi, dit-il pour me faire rire.
– Aujourd'hui je ne ris pas.
– Ça m'étonnerait. Pour me faire plaisir ! »
Et il se mit à plaisanter pour que je rie franchement.
Ce matin-là, il eut un malaise et je dus l'aider à s'allonger. Nous avions un déjeuner à bord d'un bateau militaire. Je pensais à cette échelle de corde sur laquelle il devra se hisser. Mais il refusa d'annuler.
« Tu arriveras à grimper ?
– Tu m'aideras ; ça va aller.
– Ne te presse pas surtout.
– Ça va aller. »
Jacques dit bonjour lentement tout en prenant son souffle. J'évitais qu'il se baisse pour ajuster ses savates.

« Doucement la Doudou, avance doucement, me dit-il tout bas à l'oreille, s'appuyant sur moi.
– Respire bien.
– Là, ça va mieux, je récupère. Ça ne se voit pas trop ?
– Non.
– Alors ça va. Tu parleras un peu, ça m'aidera. Merci la Doudou. »

Toute la discussion se passa sur Brassens, que le commandant du bateau adorait.

L'éditeur des Éditions du Grésivaudan demandait une entrevue à Jacques dans le dernier courrier. Il était prêt à venir jusque dans le Pacifique afin d'obtenir son autorisation pour une édition de luxe concernant ses œuvres.

Quand on vient nous voir aux Marquises, c'est au minimum pour une semaine, puisqu'il n'y a qu'un vol hebdomadaire. En plus, il faut loger les visiteurs car il n'y a nulle part où aller. Cela demandait réflexion.

Jacques me pose la question : j'accepte. Mais pour nous garder une chance, il décide de le mettre à l'épreuve. Il écrira une lettre pour l'avertir de l'absence de tout confort, et si ce monsieur persiste à vouloir venir, il lui donnera son accord.

Les jours de courrier nous nous installions chacun de notre côté, lui dans son bureau, moi dans le salon. J'en profitais pour tenir mes notes. Pour me parler de la possibilité d'arranger la visite de l'éditeur, il vint me rejoindre. Il avait la lettre de celui-ci à la main. Un passage le rendait furieux. Cet éditeur écrivait qu'il avait l'accord des éditeurs de ses chansons. Il trouvait indécent que l'on puisse vendre et revendre les droits de ses œuvres en le laissant à l'écart. Le ton monta, il faisait référence à un autre courrier. Quand on lui en parlait, disait-il, c'est qu'on y était obligé sans quoi on se passait de lui. On voulait le manipuler. Il explosa de colère contre cette façon de faire et devint furieux quand il évoqua que l'on prétendait avoir favorisé le succès de *Ne me quitte pas* aux États-Unis. Je ne connaissais rien de tout ça et n'avais aucun argument pour le calmer. Il restait évident que sa blessure était provoquée par le sentiment qu'on lui manquait de respect. Tout ceci venait après la sortie commerciale de son disque où il s'était senti vendu comme une lessive. Pour en finir avec ce tonnerre qui l'ébranlait, il dit : « Tu notes tout ça. Je veux qu'ils sachent. Je compte sur toi. Maintenant laisse tes cahiers. Viens près de moi. »

Il avait une solide patience qui aurait pu passer pour de la faiblesse, comme il me l'avait dit un jour, mais lorsqu'un maladroit le décidait à la mettre en sommeil, cela devenait terrible.

Quand j'entendais cette phrase : « Quel âge avez-vous ? », je savais qu'il se préparait à être féroce.

Cette patience trop longue le rendait déconcertant, car il s'enflammait subitement et de façon démesurée.

Si l'homme était plus jeune que lui, il disait : « Vous êtes trop jeune pour me dire une chose pareille et je suis trop vieux pour l'entendre. » Il était d'ailleurs assez satisfait de cette formule.

Si l'homme était plus vieux : « Bon ! Eh bien !... » Et s'ensuivaient des imparfaits du subjonctif qui était sa conjugaison préférée. Tout ça claquait comme autant de gifles.

Mais... Mais déjà, il regrettait le chagrin qu'il avait pu faire et il ne pouvait pas s'empêcher de terminer par des mots consolateurs. Il était incapable de rester sur une humeur.

Il espérait pourtant s'être fait entendre. Restés seuls, il me consultait. « Crois-tu qu'ils ont compris tout de même ? »

Il fallait comprendre qu'il regrettait d'avoir élevé le ton, mais qu'il fallait considérer la teneur de ses propos.

Quand il voulait ordonner quelque chose, il parlait de « souhaiter ». « C'est tellement mal élevé de dire : " je veux ". »

Il soumettait à mon jugement des lettres qu'il voulait sévères et il avait du mal à admettre qu'elles n'étaient lues qu'au premier degré, alors que lui parlait toujours au second. « Comment ne peuvent-ils pas saisir cela ? »

Il ne voulait pas croire que l'on pouvait être malhonnête avec lui, un peu, mais pas trop.

Il rêvait de finesse, il rêvait de murmures, de mots à peine prononcés mais déjà compris.

Je me demandais quelle était la somme de tendresse qui lui avait manqué, quand il m'arriva ce petit incident. C'est alors que cela m'est venu : « infiniment » était un mot qui lui ressemblait. Voilà pourquoi.

Nous étions montés au terrain d'aviation pour planter des fleurs autour du hangar. Au fur et à mesure de mes plantations, je m'éloignais de lui.

Lui rêvait au jour où, installé sur ce plateau superbe, il allait pouvoir écouter fleurir ses rêves.

Nous nous appelions par nos surnoms et ce mot sourd que je lançais depuis trois ou quatre fois déjà ne parvenait pas jusqu'à ses oreilles, alors, je criai « Jacques ! ».

J'entends encore ce prénom résonner sur toute la chaîne de montagnes. J'avais dû y mettre tout mon souffle. Il m'a entendue.

Il court vers moi. Mais le visage se décompose.

« Qu'y a-t-il ? Qu'y a-t-il ?... Tu ne m'aimes plus ? »

Je protestai : « Non, non. Pourquoi dis-tu cela ?

– Tu m'as appelé Jacques. Ne m'appelle plus jamais comme ça. » Il me serra fort, si fort. Il tremblait.

Comme nous sommes fragiles. Sera-t-on jamais assez vigilant ?

Ce surnom, Doudou, était son rempart, sa nouvelle identité. Il était enfin protégé. Et entre lui et moi il n'y avait que nous deux.

« Tu leur diras bien cela, n'est-ce pas ? C'est scandaleux d'être aussi heureux. »

C'était un être d'exception et j'ai pu vivre dans ses nuances, à écouter, à regarder, à voir et faire les mêmes choses que lui. C'était, de loin, ce qu'il appréciait le plus. Pouvoir faire les choses ensemble, des choses tellement différentes. Gratter la rouille et conduire le bateau, charger l'avion ou le piloter, vivre dans une cabane ou dîner à la Tour d'Argent.

Nos camarades pilotes continuaient à passer et nous avions toujours plaisir à les recevoir. Celui qui était là aujourd'hui fumait, et semblait fumer un peu trop. Jacques l'entraîna devant une photo et lui demanda :

« Tu as quel âge ?

– Vingt-huit ans.

– Tu fumes combien de paquets de cigarettes par jour ?

– Deux et demi à trois.

– Alors regarde bien cette photo. C'est moi.

– On ne te reconnaît pas là-dessus.

– Eh bien ! ça fait tout juste quatre ans, elle et moi nous mettions les mêmes pantalons. C'est tout.

– C'est pour cela que tu as écrit *Vieillir ?* »

Jacques marqua un temps, la question était un peu brutale, mais il enchaîna :

« J'ai pris dix ans en trois ans... Quand je parle de vieillir, pour moi ce n'est pas la vieillesse qui arrive après les ans, c'est une vieillesse qui arrive tout d'un coup.

« J'ai été opéré, et puis tout de suite à mon réveil j'ai pris dix ans, et si on vieillit progressivement, on n'a pas cette sensation-là.

« Moi j'ai été remuant et je me suis retrouvé moins agile et c'est ce qui m'a frappé. Et ce phénomène-là, à mon avis, est plus important que la mort. Il faut bien le dire, jusque-là, quand je parlais de la mort, je parlais d'une mort bien portante, d'une mort qui avait une santé. Là, il s'agit de ma mort. Et j'ai tenté de faire une chanson sur cette mort-là, mais en l'écrivant, j'ai constaté que finalement ce n'est pas la mort qui est importante, c'est vieillir. Le phénomène de vieillissement est plus important que la mort. Vieillir, c'est une façon de mourir en fait. Et se voir partir en vieillesse, surtout avec le processus accéléré que nous inflige la maladie, c'est beaucoup plus constater la mort que penser à la mort.

« Et c'est vrai, je trouve que vieillir est plus pénible que mourir. Si on se décompose, qu'on devient un vieillard prématurément, c'est une chose pas amusante du tout. Quand je parle de vieillir, c'est le corps, le corps qui craque et dans certaines maladies, c'est mon cas, on ressent en trois ans le vieillissement de dix. Quand on est touché par ce phénomène-là, on ressent cette vieillesse beaucoup plus violemment, et tout à côté, celui qui vieillit à la cadence de son âge le ressent à peine. Parce que dans ce cas-là, on ne se sent pas vieillir, ce sont les gens autour. Et dans le cas de la maladie, on se voit vieillir. Ce qui est rare. Finalement ce sont des sensations luxueuses ! On sent que des choses s'arrêtent de fonctionner convenablement et la chanson *Vieillir* est très personnelle. Je ressens en un mois le vieillissement d'un ou deux ans, par moments. *Vieillir*, c'est une chanson physiologique. Alors que les autres chansons, comme *Knokke-le-Zoute*, ce sont des chansons d'états d'âme. »

« J'ai toujours dit qu'il valait mieux être un jeune fruit qu'une vieille fleur. Les vieilles fleurs c'est insupportable, alors que dans les autres chansons ce sont des choses qui concernent la vie plus largement. D'ailleurs dans *Knokke-le-Zoute* personne n'est malade, tandis que dans *Vieillir*, c'est vraiment le corps. »

« Le héros de *Knokke-le-Zoute*, je l'ai bien connu, c'est un musicien. C'était le genre de type qui disait : " Ce soir ça va marcher à crever " mais immanquablement il rentrait la bite sous le bras. Parce que ou il avait une tête d'imbécile ou il s'y prenait comme un manche. C'est un con, quoi, ce type-là. En fait c'est un con qui rêve que ça va marcher. Il se dit : un de ces jours ça va marcher. Puis à la fin, il dit : " Ça n'a pas d'importance, ça va marcher, ça va démarrer. " C'est minable quoi ! Et tout à la fin, en fait il ne rêve pas, il reprend le même texte et il dit : " Un jour ça va marcher... Il n'y a pas de raison... " Puisqu'il ne dit pas pourquoi ça ne marche pas. Ça c'est le type qui voit vieillir les autres. Il a soixante ans, on lui dit : " Alors, la vie est belle ? " et il répond : " Ah ! C'est pas terrible ! Ah mon vieux ! Les femmes ! Ce qu'elles ont changé. " Il ne lui vient pas à l'esprit qu'il a pu prendre quinze ans de plus, vingt ans de plus. Ce sont les femmes qui ne sont pas comme avant, c'est la cuisine qui n'est pas au beurre, ce sont les petits pois qui sont moins bons que chez sa mère, parce que sa mère est morte et ainsi de suite... Mais ce n'est pas lui qui vieillit, ce sont les autres. C'est le prototype du con. »

Immanquablement la question du retour sur scène tomba.

« Mais tu as chanté tout ça en studio et tu n'as pas eu envie de faire de scène ? Ça ne t'a pas manqué ? »

Réponse : « Ça y est ; ils remettent ça ! Non. Pourquoi veux-tu que j'aie un manque ? On n'est pas bien ici ? Elles ne sont pas bonnes mes cailles aux raisins ? Doudou, gifle-le...

« Cela dit, il y a des chansons que j'écris et je me dis : c'est dommage que je ne puisse pas les chanter sur une scène, parce que celles-là... Par exemple, je reviens à *Knokke-le-Zoute*, je dis que c'est une belle chanson de scène... Il y a tout, tout... On peut finir avec une pomme sur la tête en disant qu'on est Guillaume Tell... On peut faire un tas de choses. On peut faire des noirs au milieu, des faux noirs, elle peut durer une heure dix celle-là. Là c'est un peu dommage, on passe à côté d'une joie. Mais en gros, c'est un accident, je préfère de loin écrire que chanter.

« Je voulais tourner *Les Remparts de Varsovie* avec la Doudou pour la télévision, j'avais déjà pensé au découpage, ça aurait pu être amusant, mais finalement on est aussi bien ici, non ?

« Moi j'ai des chansons que j'aime, et d'autres que j'aime moins, mais ce que je préfère, je le dis souvent, ce sont les chansons qui ne sont pas des chansons. Pour moi, une bonne chanson... Si elle est lente, qu'on ne fatigue pas et qu'elle marche, c'est une bonne chanson. Si elle est lente et qu'on est crevé à la fin, c'est qu'elle a des faiblesses et il faut compenser. Alors on en sort crevé. Je parle sur scène. Comme chansons pas fatigantes il y avait *Les Vieux, Le Plat Pays, Les Biches* (épuisante, elle n'a jamais marché). Ils parlaient au milieu du deuxième couplet, parce qu'ils commencent toujours à parler au même moment. Il y en a un qui se tourne vers sa femme et dit : " Tu la connais celle-là ? " C'est ce genre de phrase-là. Et on sait que c'est fini. Alors je mettais toute la gomme, et ils finissaient crevés. »

« Je l'ai enregistrée deux fois. *Quand on n'a que l'amour* aussi, mais pas pour les mêmes raisons. Ce n'est pas moi qui ai voulu. C'est mon directeur artistique de l'époque, parce qu'il ne savait pas que je l'avais enregistrée.

« J'avais donc écrit *Quand on n'a que l'amour* et je l'ai enregistrée. Et c'est sorti dans un tumulte silencieux remarquable. C'est-à-dire que moi je savais que le disque était sorti. Et quelques mois après il y a eu un congrès de représentants, à l'hôtel Lutétia, parce qu'il y a des congrès de représentants très importants ! Très très importants ! En plus, quand on leur chante, ils ont le texte. Alors j'arrive et je leur chante *Quand on n'a que l'amour*. Les représentants ont aimé ça.

« Le lendemain, on m'a téléphoné en disant " La chanson que vous avez chantée en deux ", parce que je crois que je la chantais en deux, " Formidable, il faut l'enregistrer. " Eh bien ! je lui dis : " Écoutez Canetti " parce que c'était Canetti, mon directeur artistique, vous ne connaissez pas mais ça ne fait rien, lui, il se connaît. C'est le type qui découvre les talents. Mais je crois qu'il n'en a trouvé qu'un, c'est Canetti. C'est le seul dont on soit sûr. »

Les autres ne semblaient pas savoir de qui Jacques voulait parler et il enchaîna : « Ça n'a au trou du cul d'importance. » Il dit : " Il faut enregistrer tout de suite. " Mais je dis : " Canetti, il y a six ou sept mois que j'ai enregistré. " Et je m'en souviens, il m'a dit : " C'est pas vrai ! " pour être sûr de ne pas se tromper. Puis il a dit que c'était la faute de tout le monde, le disque n'étant pas bon, ce n'était pas bien enregistré et l'orchestration était mauvaise. C'était André Popp qui avait fait l'orchestration à l'époque. C'est ainsi que François Rauber est devenu mon orchestrateur, cela faisait deux ans que j'essayais de l'imposer et je n'y arrivais pas... À l'époque, parlant d'un chef d'orchestre qui avait le prix de Rome, il y avait des gars qui faisaient des réflexions de ce genre : " Il écrit bien pour les cordes, hein ! il écrit bien pour les cordes... Mais pas dans l'aigu. " Alors depuis, je cherche d'autres chefs d'orchestre de ce type qui écrivent pour les cordes, mais pas dans l'aigu. »

Jacques rit de cette idiotie et continue.

« Donc François Rauber est devenu mon orchestrateur à cause de ce disque que j'ai réenregistré. Et ce disque a marché, non pas parce qu'il était mieux, je l'avais chanté comme un con, je n'ai jamais été un bon chanteur, mais parce qu'ils ont fait une promotion, ils devaient se sentir obligés.

« Pour moi une bonne chanson ne demande aucun effort, ou alors c'est de la virtuosité comme *La Valse à mille temps*. À la fin d'une bonne chanson calme, on doit arriver maître de soi et pas fatigué.

« *Les Bonbons*, pas fatigant du tout.

« *Fernand*, exténuant, c'est une chanson qui n'est pas mal écrite, mais très mal construite. C'est une chanson-cinéma. Elle est ratée, c'est mauvais. On ne se rend compte de ça que des mois après. Entendons-nous, le temps que j'écrive, que j'enregistre, si je sais qu'elle est ratée, elle n'est pa enregistrée. C'est devant les gens que je me dis : " Il y a un endroit où ils ne me suivent pas ", c'est là où il faut compenser. On est obligé d'apporter quelque chose.

« Mettre dans le corps ce qu'une phrase a raté dans une chose qui est faite pour être entendue, ce n'est pas évident. Quand je parle de chanson-cinéma, je veux dire en cela qu'elle a trop d'images. Pour moi, une bonne chanson est une image, pas deux. Quand j'écris mes chansons, je vois exactement le tableau, je le dessine parfois, très mal, mais ça m'arrive. *Jef* c'est un soldat. Ça n'est même pas dit dans la chanson, mais c'est un militaire. »

« Il ne faut jamais deux ou trois images, car on ne peut imposer qu'une image. Je veux dire que sur une toile, tu ne peux pas mettre un couplet ; la Joconde rigole, l'autre elle a mal aux dents, la troisième encore autre chose, c'est du cinéma. Le cinéma ne passe pas en chanson ou alors il faut une sorte de combat sur scène important qui vous épuise. Les mauvaises chansons sont beaucoup plus difficiles à chanter que les bonnes, sans aucun doute. Quand elle n'a qu'une image, elle n'est plus cinéma, ça devient une chanson.

« Quand je dis qu'elle est cinéma, c'est qu'on s'aperçoit qu'avec une image on n'arrive pas à la raconter.

« *Fernand* aurait pu être bien, mais il ne fallait pas que ça roule. J'ai oublié le texte de beaucoup de mes chansons, mais ça traverse Paris, il y a un corbillard. C'est un film, on n'explique pas un film. Essayez d'expliquer un court métrage de dix minutes, c'est très difficile. Alors qu'un tableau, *La Jeune Fille au balcon* par exemple, peut se lire, peut être imaginé ; c'est impossible pour un film.

« *Regard bien petit*, c'est un moment du film, ce n'est pas le film. Il n'y a rien qui bouge. Je parle de la géographie, je donne à peu près l'âge des personnages, l'intention qu'ils ont, mais il ne se passe rien. Il y a un cheval avec un type qui arrive au loin et qui repart, c'est tout. Il n'y a pas un mouvement de caméra. C'est champ contre-champ, champ contre-champ. C'est au 18, la caméra ne bouge pas.

« Qu'est-ce qu'il voit ? Qui sont ces gens-là ? Moi je n'en sais rien. Le type dit, ce n'est ni mon frère, ni machin, allez, range le fusil, tu peux ranger les armes. Je n'avais même pas dit qu'on avait sorti les armes. Ce n'est pas dit.

« " Tu peux ranger les armes ", alors là c'est peut-être le seul moment de cinéma, mais c'est la dernière phrase de la chanson. C'est fini. Ce qui compte c'est voir.

« *Ces gens-là*. Il n'y a aucun mouvement. Le type ne dit même pas qu'il part, il dit : " Allez, au revoir monsieur, il faut que je rentre chez moi. " Il est parfaitement immobile. C'est un type qui parle, qui dit que dans la maison là-bas... On ne sait même pas comment est cette maison. Je n'ai donc même pas de temps à perdre, je dis : Il y a tel type qui fait ci, il y a tel type, tel type, tel type, ce sont des portraits, mais la caméra ne bouge pas d'un millimètre.

« Pour une chanson, il ne faut pas que la caméra bouge, jamais, jamais que la caméra bouge. Si elle bouge, on prend des risques monstrueux. Et tout d'un coup on sort. C'est fini, c'est fini, vous n'aurez plus l'ambiance que vous avez avec l'odeur de soupe au chou dans la cuisine. Vous ne l'aurez plus jamais dans le jardin. C'est fini. Ou alors vous faites une chanson qui parle du jardin. Mais on ne se déplace pas dans une chanson, ça je suis formel.

« *Amsterdam*, on ne se déplace pas du tout. D'abord il n'y a pas de port à Amsterdam, ça commence comme ça. Personne ne bouge. Il y a de la lumière, il y a de l'accordéon, il y a des types qui tournent et qui mangent. On ne peut pas appeler cela un mouvement. Il y a des gens qui s'amusent à dessiner mes chansons, c'est toujours les mêmes. Il n'y en a pas un qui ait dessiné *Fernand*. *Le Plat Pays*, ça, il l'ont dessiné et *Les Vieux* ! Mais dès que ça bouge !...

« *Mathilde*, premier couplet : " Merde elle est revenue cette charogne. " Deuxième couplet : " Elle est moins charogne que ça ", donc on comprend qu'il se modifie légèrement. Troisième couplet, il dit à la bonne : " Elle est revenue, youpi ! " Et on ne sait pas qui est Mathilde. Je n'ai pas fait un contre-champ. C'est la force d'une bonne chanson. On a tout vu dans les yeux d'un type. Et alors *Mathilde*, c'est ça la force, chaque type qui écoute la chanson voit la femme qu'il a envie de voir revenir comme Mathilde, ou la femme qu'il déteste comme Mathilde. Et moi je n'explique rien du tout. Je dis : " Non " au début et trois minutes après je dis : " Oui " et en tout et pour tout j'emploie une modulation qui vient au milieu. Ça c'est une bonne chanson. Je veux dire au niveau de la structure, elle est bien écrite.

« Alors celle-là, elle me fatiguait, mais physiquement, il fallait l'envoyer. Et puis de toute façon avec l'orchestre, il pouvait se retourner vers sa femme en disant : " Tu la connais celle-là ? " Je ne l'entendais pas, alors j'étais tranquille.

« Une bonne chanson c'est un plan fixe, et si on fait des panneaux caméra bretelle ", on est fini, c'est qu'on parle d'autre chose. Ce n'est pas une chanson, même si c'est joli.

« Ça peut être joli pour moi. Moi je trouve que *Je suis un soir d'été* est la plus belle chanson que j'aie écrite. Les gens n'y comprenaient rien parce que c'est tout caméra à l'épaule. Et je conclus chaque fois en disant : “Je suis un soir d’été ”. Ce n’est pas évident pour une chanson, n’est-ce pas ?

« *La Ville s’endormait* n’est pas une chanson, parce qu’il y a un type qui parle et on sort de lui. Ce n’est pas facilement lisible. Je suis heureux de ne pas avoir à défendre ça sur scène, car il m’aurait fallu une couronne et un sceptre. Ce n’est pas évident non plus.

« *Les Fenêtres*, un désastre, c’était du genre : “ Tu la connais celle-là ? ”

« *Les Bergers*, ils ne comprenaient pas bien. Les troupeaux montent aux équinoxes et ils redescendent. Je ne voulais pas mettre le mot transhumance, ça fait transpiration. Donc exprimer la transhumance sans dire transhumance, c’est tout à fait emmerdatoire. C’est difficile, c’est toute une série de portraits, mais il y a des sautes, la caméra bouge trop.

« Il y a des chansons qui ne sont pas faites pour être sur scène. Ceux qui ont vu mes tours de chants dans les huit ou quinze premiers jours peuvent effectivement chercher les chansons qui n’ont rien à faire sur une scène. Mais ça ne durait que ce temps-là et après je disais : “ Non ”.

« Pour chanter cinq nouvelles chansons dans mon tour, j’en gravais dix et j’en écrivais à peu près quarante, qui souvent n’étaient pas finies. Une chanson que j’aimais bien et qui a eu un mal à s’imposer, c’est *Mon enfance*. Ça a été long, ils ne voulaient pas.

– *Le Gaz*, dis-je, j’adore cette chanson...

– Celle-là n’a jamais marché, peut-être l’ai-je toujours mal chantée. J’ai fait des choses qu’on n’imagine pas... J’ai oublié, mais je me souviens de soirs où je me disais : “ Mais c’est Sarazani, c’est le cirque. ” Ils n’ont pas aimé ça. Ils ne savaient pas de quoi je parlais. J’avais un accordéoniste qui disait : “ Tu as des seins comme des soleils, ça veut rien dire, Jacques ! ” Peut-être avait-il raison. Pour moi c’était les Marx Brothers, c’était le délire. Pourquoi ils venaient pour “ le gaz ” ? Ça ne passait pas. Je l’aimais bien.

« Il y a des chansons par contre auxquelles je ne croyais pas et où ils étaient fous de joie. Je vais essayer de me souvenir.

– Tu m’as dit *Amsterdam*, fis-je.

– Ah oui ! *Amsterdam*, je n’y croyais pas du tout. Je l’ai mise en trois, c'était au Cyrano à Versailles, on passait là, avant la première de l'Olympia. Je me suis dit : " J'ai celle qui est forte, *Les Timides*, le bide, mais le bide, le bide monstrueux monstrueux, et celle-là je la mets en huit ", ainsi de suite, parce que j'avais mon classement. Il fallait commencer par une qui était connue, comme ça, puis une faible et en trois une mauvaise pour que les mecs se disent : " Là il est cuit " et en quatre une bonne (riant de la farce). Et merde ! Voilà qu'à *Amsterdam* ils se sont mis à hurler. Je n'en revenais pas, je me dis : " Tiens, j'ai perdu ma culotte, j'ai fait une connerie, je ne sais pas quoi. " Non, ça marchait, je n'y ai pas cru du tout, ce soir-là. En plus ça m'embêtait, car elle foutait mon tour en l'air.

« Alors j'ai dit : " Je vais le faire exprès. " À l'inverse, je vais dire maintenant : " À partir de la trois, vous allez voir tout mon tour est comme ça. " (Jacques s'amusait comme un fou à nous raconter cela.) Ce qui est un renversement de tactique, Annibal à Cannes, quoi. »

Un télégramme de l'éditeur téméraire vient nous rejoindre sur notre terrasse. Arriverons tel jour, à telle heure, suivi de la signature, et nous avons éclaté de rire. Jacques riant à pleine gorge me dit : « Il sera surpris ! Il verra qu'aux Marquises, on n'arrive pas tel jour à telle heure. On arrive quand on peut. »

Et comme pour lui donner raison, le vol du 13 mars fut reporté au lendemain et l'arrivée fut retardée de deux heures.

Mais le voilà aux Marquises, et Jacques a donc déjà accepté de collaborer avec lui. Ce qui est amusant, c'est qu'il ne le sait pas encore et nous lisons dans ses yeux un léger trac.

Un jour de travail sur sept, c'est le programme que Jacques a prévu.

Dans cette journée-là, il pourra pour la première fois établir une liste complète de ce qu'il souhaite voir reproduire. Calme et tranquille, dans son petit bureau marquisien, il va rayer certaines chansons.

Il va aussi se chagriner de voir qu'un bon nombre de ses chansons n'ont plus leurs éditions d'origine. On le comprendra quand il nous dira qu'il les avait données bien souvent pour rendre service.

Et il s'étonne de ces choses-là.

Les illustrations de cette édition de luxe seront faites par deux peintres proposés par l'éditeur, Lucien-Philippe Moretti et Daniel Sciora. L'un joue le noir et blanc, l'autre la couleur. En fonction de leur style, Jacques leur attribue les chansons à illustrer.

Il promet de venir les soutenir à l'atelier quand nous passerons par Paris, mais la camarade de la vie lui avait fixé un autre rendez-vous.

Il fallait bien un verre de vin pour mouiller sa gorge asséchée par tout ce flot de paroles qui coulaient depuis un moment déjà. On fit une pause, le temps de servir, le temps de quelques apartés et de constater une fois de plus que la lumière allait s'éteindre.

De toute façon les pilotes ne devaient pas trop s'attarder. Demain avant le petit jour ils seraient réveillés par le doup! doup! doup! du groupe du boulanger.

Jacques dit : « Je l'entends parfois quand, dans mes moments d'insomnie, je viens m'installer dans ce coin de canapé, je rêve à mes petites conneries, la Doudou dort à côté et dans le silence j'entends le doup doup.

– Oui, au loin ça a son charme, fit le pilote, mais là, dans l'oreille...

– Ah ça! C'est la vie aux Marquises! » fit Jacques riant et il enchaîna sur la conversation précédente.

On parla de mots dits par erreur à l'enregistrement et qui restaient gravés, « comme dans *Le Plat Pays*, où j'ai interverti vent d'est et vent d'ouest. Je me suis trompé. " Vierzon " est devenu " Vesoul ", tu me diras que ça ne change pas grand-chose d'autant plus que cela se passe à Paris.

« Voilà une chanson dont je me suis imposé le style. J'avais remarqué qu'à l'équilibre de mon disque il manquait quelque chose de nerveux quelque part. Donc je ne pouvais écrire que quelque chose de nerveux. J'ai écrit *Vesoul.* J'avais l'idée de la chanson depuis un bon bout de temps, j'avais la musique et il n'y avait ni Vierzon, ni Vesoul. Il y avait le côté victime. " Tu as voulu machin et on a fait machin, tu as voulu... Ben ça sert à rien. » Voilà.

« Et à ce moment-là il suffit d'être en forme quelques jours de la semaine et on peut finir ça. Ce n'est ni du Molière, ni du Shakespeare, c'est de la chansonnette.

« Je ne l'ai jamais chantée sur scène, j'avais arrêté le tour de chant.

« Ce qui fait que lorsque l'on s'arrête de chanter et que l'on fait un disque, on se rend moins compte si un disque est nerveux ou pas. C'est assez drôle, j'ai eu de nouveau cette impression avec le dernier. Ce sont les gens qui servent de révélateur. Il y a des chansons que je croyais nerveuses et qui sont lentes. J'étais convaincu que *Knokke-le-Zoute* était une chanson nerveuse, alors que c'est une chanson extrêmement lente et qui se faufile comme ça. Le tango est pourtant nerveux. Enfin cela me paraissait différent. Je me disais qu'avec l'orchestration cela devrait bouger. Et puis non.

« Il y a aussi des mots dont on dit en les écoutant enregistrés : " Il est évident que ce n'est pas celui qui convient ", et c'est trop tard. La scène permettait d'en réparer quelques-uns. Il y a des mots qui me paraissent maintenant insuffisants.

« Par exemple, dans *Les Marquises*, j'ai chanté : " ... et l'alizé se brise ". Et j'aurais dû mettre : " ... et l'alizé s'épuise ", ou encore : " ... et la lune brillance " au lieu de : " ... et la lune s'avance ".

« Et c'est la scène qui permet de se rendre compte de ces choses-là. Il faut la salle pour savoir le poids d'un mot, je dois regarder la salle au moment où je doute. C'est moi qui la regarde, mais c'est elle qui me donne la réponse. J'ai écrit : " Et je me meurs d'indifférence " et j'ai envie de dire : " et je murmure d'indifférence ". Parce que l'indifférence ne fait pas mourir, elle fait murmurer, ou elle incite au murmure.

« Il y a des chansons anciennes dans lesquelles je me souviens qu'il y avait des mots que je ne pouvais plus dire, et d'ailleurs après un certain nombre d'années, je ne les disais plus. Je bafouillais un mot et je m'arrangeais pour que l'orchestre couvre les mots dont j'avais honte.

« Il y avait un truc dans *Jacky* que je ne pouvais plus dire. Jacques se met à chanter : " Même si un jour... je... " Alors les gens ne savaient plus quoi, l'accordéon couvrait et on me disait :

“ Tu sais, on n’entend pas bien ”, mais je préférais ça. Il y avait le deuxième couplet de je ne sais plus quelle chanson. Mais tout le deuxième couplet. Je me disais : “ Mais comment ai-je pu ? ” Si je coupais le deuxième couplet on ne comprenait plus rien et là aussi, je faisais du collage.

« Ici, dans le dernier disque, j’ai le sentiment d’avoir trop chiadé les choses. C’est trop léché, ça a perdu de son explosion. Une écriture léchée est toujours au détriment d’une explosion. Je regrette un peu que ce soit un peu trop bien écrit et que ça explose un peu, trop peu. Ça n’est plus assez sauvage, et ça, ça vient de ma maladie. Ça vient du doute. Ça vient de la crainte que cette explosion ne soit pas celle qu’il faut. Je parle surtout de la musique d’ailleurs en disant ça. Par exemple il y a des chansons qui pouvaient avoir une musique plus folle et qui ont une musique trop sage. *Les Remparts de Varsovie*, la musique aurait dû partir plus loin. Ce sont des points de vue de technicien. *Jojo*, on ne peut pas faire une autre musique, *Jaurès* non plus. *Les Marquises*, on aurait pu faire plus fou.

« Tu vois, l’un de vous m’avait demandé pourquoi je ne faisais pas une musique marquisienne, mais comme tout le monde l’ignore on se serait demandé ce que j’avais fait là. La mienne c’est un peu dans les steppes des Marquises centrales, il y a une absence de paysage qui est volontaire, c’est en dehors du coup normal. Je ne pouvais pas faire une valse musette ni une musique tahitienne.

« Par contre, ici dans l’ensemble, d’après les avis que j’ai pu recueillir, ils ont beaucoup aimé cette chanson.

« Il y a quarante-cinq cordes là-dedans, qui font toutes : “ toup toup toup ” et ils disent : “ Qu’est-ce qu’il joue bien de la guitare ! ” Ils n’ont jamais entendu un violon, ils n’ont jamais vu un type avec un violon, donc pour eux je chante tout ça tout seul à la guitare. Et quand je chante mes chansons, ils me disent : “ Pourquoi tu ne chantes jamais des chansons connues ? ” Ça paraît ridicule, mais quand on vient me parler de musique marquisienne c’est tout aussi cornichon.

« *Orly*, c’est ma plus belle chanson d’amour et j’ai lu quelque part que c’était une rupture. On ne l’entend d’ailleurs pas beaucoup. Enfin je suis loin, je ne sais pas bien, mais je l’ai entendu dire. »

Alors vint une question sur l'intention de recommencer un autre disque. Et il répondit, comme je l'avais déjà entendu répondre, presque sans rien changer : « Je suis parfaitement heureux ici, pourquoi voulez-vous que je travaille. Vous êtes tous là à me poser la même question. Et puis le dernier disque m'a beaucoup coûté de travail. Sans doute parce que je suis malade. La maladie diminue tout de même. J'ai toujours travaillé lentement et difficilement et là ça m'a enlevé une part de mon énergie. Avant je disais : " Je finis cette nuit. " Maintenant je dois aller me coucher. Je ne peux plus me permettre cela. Alors c'est plus long et les idées viennent moins vite avec l'âge ; et puis on perd la mémoire, un peu avec l'âge, mais surtout avec la maladie. On n'a relativement que le talent de sa mémoire, quand on écrit. Alors j'ai de longues périodes de repos avant de faire autre chose. Et la rage est une maladie qui passe un peu. Et puis surtout, tout va très bien jusqu'au moment de l'enregistrement. Après on entre dans un autre cycle qui me dégoûte complètement. Je veux bien écrire, mais je ne veux plus enregistrer. »

« J'ai commencé par ne plus avoir envie d'être sur scène, et j'ai continué par ne plus avoir envie d'être dans le cycle bourgeois pépère, où les gens disent : " Il faudrait que... " Non, il faut que, ou pas. Je suis parti pour ça, parce que j'étais devenu un peu inadapté. Alors tous les types qui fuient en se réfugiant dans la sécurité, dans la banalité m'ont dit que c'était très facile et que je fuyais en avant. Je ne me suis pas permis de leur répondre qu'étant donné qu'ils avaient le dos au mur, ils ne pouvaient pas fuir plus loin, et je suis parti. Quand on vient enregistrer, on retombe sur tous ces gens qui disent : " C'est facile, tu fuis en avant. " Je ne sais pas où les gens vont chercher l'explication de mon départ. Ça les déconcerte. Moi, le mystère c'est qu'ils restent, je trouve cela atterrant.

« Je suis parti parce qu'il y avait trop de choses qui m'énervaient, enfin quand je dis : " m'énervaient ", c'est tout à fait idiot, mais il y avait trop de choses qui me faisaient du chagrin, et je ne suis pas maso, alors je suis parti. Ce n'est pas l'aventure, la mer. Un type qui est malheureux et qui part sur un bateau arrive très malheureux. Il faut être heureux pour partir. Donc moi j'étais heureux, mais je n'avais plus envie de croiser un certain nombre d'individus, à tort ou à raison, individus que je considère comme épuisants pour moi. Ils courent après des choses qui ne m'intéressent pas. Je suis ravi de déjeuner avec un type qui court toute sa vie après les papillons, mais je n'ai pas envie de vivre à côté de lui, à courir après les papillons. C'est son problème. Un type qui court toute sa vie après l'argent pour en mettre de côté, ça ne m'intéresse pas. Moi je crois que la seule façon de gagner de l'argent c'est de le foutre en l'air... Il ne faut pas le mettre de côté, il faut le foutre en l'air... Je crois à un certain nombre de choses différentes des autres. Alors je suis parti parce qu'ils sont nettement majoritaires. Alors j'ai dit : " Il faut partir vivre sa vie à soi ! Mais pas rompre avec quoi que ce soit. " Je continue à vivre ma vie, mais je ne voulais pas vivre la leur. Et quand on vient enregistrer on est obligé de vivre la leur pendant un certain temps.

– Et le cinéma alors, fit le copain, ici il y a de quoi ?

– C'est pareil pour le cinéma, je n'ai pas envie. J'ai peut-être envie d'écrire des chansons, c'est sûr, et je n'ai jamais tout à fait arrêté de gribouiller des trucs. Mais c'est la jonction avec le restant. Les gens parlent du système. Je ne crois pas que ce soit le système. Je n'ai envie de côtoyer que des gens que j'aime bien. Ici je suis bien et on me fout la paix, voilà. C'est aussi simple que ça. C'est aussi bête que ça. Alors là on peut me dire que c'est tout à fait égoïste. Peut-être bien. Je ne vois pas pourquoi je passerais mon temps avec des gens que je n'aime pas. »

« Il n'y a pas de mystère Brel.

« Les gens disent que je suis parti vivre ma solitude, ce n'est pas ça du tout, c'est tout le contraire. Je vis tout, sauf la solitude bien sûr, c'est évident. Je suis parti parce que mon Far West était envahi, alors je suis allé le faire plus loin. Et ici, je l'ai, mon Far West, et complètement, oui complètement, là complètement.

« Et je continue à avoir les mêmes idées, je suis parti pour ne pas changer. J'avais l'impression de m'abîmer. Je ne voulais pas finir comme eux. Alors j'ai changé d'endroit.

« Je pense beaucoup mieux aux fantasmes que quand j'avais vingt ans.

« J'y pense beaucoup mieux ici que là-bas, c'est tout simple.

« Je le dis parce que c'est vrai. Si on me mettait dans la banlieue de New York ou de Chicago, je continuerais à parler de la

Belgique et autres, ça ne changerait rien. Je crois qu'on peut mettre Simenon n'importe où, je dis bien n'importe où, ses personnages seront toujours belges. Même sa série américaine. Il ne l'a pas dit, mais moi je le sais. Il faut avoir la paix pour vivre sa vie. C'est tout. Je refuse de vivre la vie de quelqu'un d'autre. Je ne dis pas que j'ai raison, mais je refuse de la vivre. Et alors quand j'examine d'un peu près la vie des autres, je me dis que j'ai une chance sur deux d'avoir raison. Je ne dis pas que j'ai raison, mais je ne les trouve pas très heureux. Je les trouve mendiant des choses sans arrêt. Pour moi ils ne sont pas très heureux.

« Ici, je trouve ça joli, mais il est évident que j'invente un peu. Mais au moins je peux. On peut donner un coup de main dans la mesure de ses possibilités, mais d'un autre côté, on peut rester des semaines sans voir personne. Les copains passent devant la maison, je crie : " Pédé ! " Ils me répondent, ça résonne dans tout le village, mais ils respectent notre intimité. Ce qui fait qu'on a une paix royale.

« Le matin je me dis : " Qu'est-ce qu'on fait à manger ? " Je sors une viande de mon congélateur. J'écoute de la musique. Je prends des notes. Je lis. Je fais à manger à midi. Puis il fait chaud, il fait bon, il y a un grand silence. Ensuite je rêve. Le soir tombe vite, il fait nuit à 6 heures. On mange à 6 heures, à 8 heures on est au lit et on se relève à 6 heures du matin.

« Alors si je faisais un film, soit dit en passant quand j'en fais un, personne ne va le voir, il me faudrait des techniciens et je m'y refuse. Je n'ai rien contre les techniciens, mais je n'ai pas envie de voir des gens envahir mon jardin. Ça, je ne veux pas. Je m'y refuse avec la dernière énergie.

« J'ai gagné ma tranquillité. J'ai travaillé pour ça. Je veux dire qu'il faut venir jusque-là, s'y accrocher et y rester. Et maintenant je vais vous dire, quel que soit l'endroit au monde où je vive, j'irais une fois par mois au marché, je mettrais tout ça au congélateur, je vivrais en regardant la cour plutôt que la rue et je continuerais à vivre mon Far West.

« Je veux bien croire que certains aient envie de me voir faire des choses, mais je n'en ai plus envie. Parce que je suis toujours excessif, il faut faire attention, je suis excessif dans mon vocabulaire et je crie alors que j'ai envie de murmurer et j'insulte alors que j'ai envie de sangloter devant ce que je vois souvent.

« Mais c'est assez comme ça. J'ai essayé pendant cinquante ans d'assimiler d'abord, d'admettre la façon dont la société vit. Bon. Je n'y suis pas arrivé. Je n'ai pas eu de colère du tout. Maintenant les gens se mettent en colère et disent : “Et merde ! ” Je ne crois pas que ce soit la solution. Je n'y suis pas arrivé. J'ai cru à ce moment que j'étais incapable. Puis j'ai essayé de comprendre pourquoi ils vivaient, pourquoi la société vit ainsi.

« Parce qu'en fait, je vais vous dire, ce qui me choque, c'est que la société vit pour des trucs qui ne m'intéressent pas, l'argent, le cul, l'ambition. Jamais je ne dirai que ça n'est pas bien. Je dis que ça ne m'intéresse pas de sacrifier son honneur pour de l'argent, de renier l'amour pour s'occuper de culs. Ce qui a fait dire d'ailleurs aux imbéciles que j'étais misogyne. Non vraiment, ça ne me concerne pas. Ce n'est pas que je les déteste mais je m'ennuie. Je suis parti parce que je m'ennuyais dans ce rythme de la vie. Ce n'est pas une question de régime. En Union soviétique ça serait la même chose.

« Alors pour ne pas s'ennuyer, il ne faut pas se laisser ennuyer. Je pourrais insulter, mais je n'en ai pas envie. Je les aime bien mais je n'ai plus envie de les voir m'ennuyer. Alors je suis parti sur une île. Mais ce n'est pas l'île déserte de Robinson Crusoé, c'est idiot de penser ça. Je vis totalement. J'ai suivi les élections comme si j'étais en Europe. Comme je ne peux pas voter puisque je suis belge, elle vote pour nous deux. Il y a même une de mes chansons qui est basée là-dessus. Il y a des choses qu'on voit beaucoup mieux de loin. »

Jacques se préoccupait de politique et se faisait un devoir de savoir tout ce qui se passait dans le monde.

Moi, en revanche, comme beaucoup, je n'avais de la politique que l'impression que me donnait tel ou tel visage, dans le style : « Celui-là, je ne peux pas le voir. »

« Tu changeras, me dit-il, je t'expliquerai. »

Il s'intéressait davantage à ce qui se passait en France bien sûr et ne manquait aucune information. Il était d'ailleurs désolé qu'elles fussent si courtes ; montre en main, les nouvelles ne duraient pas plus de sept minutes.

Je n'avais jamais voté de ma vie, je faisais partie de ceux qui pensent : « À quoi bon. » Ce n'était pas bien sûr la solution et il me le fit comprendre.

« Tu t'inscriras à Atuona. »

Le jour de vote, nous n'allions pas n'importe comment et à n'importe quelle heure.

On s'habillait de blanc, costume d'été et robe longue, et nous descendions à 10 heures précises.

Il me prenait par le bras et m'accompagnait jusqu'à l'entrée du bureau de vote, dignement, fièrement, dans un silence qui résonne encore.

Je votais pour nous et nous repartions avec la même cérémonie.

Voilà ce qu'il disait au sujet de sa chanson *Jaurès* :

« J'ai écrit *Jaurès* parce que pour moi c'est l'élément le plus pur de la gauche française. C'est presque inattaquable. Et c'est un élément dont on ne parle plus puisque quand quelqu'un est adversaire de la gauche en France, il se venge sur Blum, c'est tellement plus facile, ça n'est pas glorieux, mais c'est plus facile. Ils se vengent sur certaines erreurs plus modernes, d'il y a dix ou quinze ans, et moi j'ai voulu parler un peu de Jaurès. Ce n'est pas une chanson sociale du tout. J'ai voulu faire une chanson socialiste. Le socialisme a été fait pour les ouvriers, pour les domestiques, pour tous ces gens-là. J'ai écrit *Jaurès* avec des gens qui ont vu Jaurès, qui ont entrevu Jaurès, qui ont entrecompris Jaurès, mais qui se référaient toujours à leur maître en disant : " Pourquoi ont-ils tué Jaurès ? " Ce que j'aime dans la chanson, c'est l'absence de réponse et c'est en cela qu'elle est socialiste.

« C'est que personne n'a encore répondu à gauche.

« Jaurès, c'est un peu saint Jaurès pour moi. Il est certain que ces gens-là devaient se poser la question ainsi. Ils disaient : " Je voudrais bien être à gauche ", on ne disait pas à gauche, on disait socialiste, " mais j'ai un bon maître ". Et puis, ça n'était pas tout à fait faux. Il faut choisir à un moment donné.

« Et dans la chanson si le maître avait donné une seule réponse, c'était une chanson politique et je ne voulais pas faire une chanson politique. C'est une chanson à Jaurès. Voilà.

« Et peut-être que vivant en Europe je n'aurais pas écrit cette chanson, ou autrement. Vous comprenez ? »

« Moi j'ai ma vie et je veux vivre ma vie. Cela n'empêche pas que je tremble d'amour quand j'entends que quelque chose de beau se passe dans le monde. Ça n'a rien à voir. Mais je ne veux pas vivre dans un climat que longtemps je n'ai pas compris et qui maintenant, avec le temps, la maladie, le manque de résistance, pourrait m'abîmer un peu trop. Alors je reste parti. Mais je n'ai pas envie de faire comprendre cela aux gens puisque moi-même je ne comprends pas ce qu'ils font.

« Tu ne dis rien, la Doudou ?

– Je t'écoute. Je crois qu'on va les laisser partir.

– Si tu veux. Je dis des bêtises ?...

– Non, mais il est tard, et il y a le boulanger. »

Faisan sur canapés de foie gras, sauce champignons frais.

« C'est bon ?

– Oui très bon.

– Tu m'excuseras mais je n'ai pas très faim. Je ne vais pas très bien en ce moment, tu le vois ?

– Oui, je vois...

– Mange, j'aime bien quand tu manges bien. »

Je dîne. Jacques me regarde. Je mange tout ce que je peux pour qu'il n'ait pas fait cet effort pour rien.

« C'était bon ? Donne-moi le bras. Je radote un peu avec ça, mais je t'aime. Je ne pèse pas trop ? »

« Tu écris la Doudou ?

– Oui.

– Tu fais le bonjour pour moi.

– À qui ?

– Tu ne connais pas cette plaisanterie-là ?

– Non !

– C'est le gars qui dès qu'il voit quelqu'un écrire dit : " Tu feras le bonjour pour moi. " Avec Jojo on faisait ça. »

« L'amour c'est comme les bateaux », entend-il à la radio et il enchaîne : « Oui, ça coule. »

Une mélancolie, un regard sur le temps qui passe, quelques confidences au bout d'une nuit pour me dire : « Et j'ai quinze ans et je me meurs. Je n'ai pas eu le temps d'avoir le temps. Je n'ai pas eu le temps d'avoir d'enfants. Et déjà plus passé que passant, de trépassé, à trépassant, il ne me restera pas le temps d'avoir seize ans. J'ai mon ami qui est en place. Il a emprunté le whisky et emporté la glace. Et lui qui devait être ici. Et puis c'est moi qui serai là. C'est évident, c'est évident et épuisant d'être coiffé de cheveux blancs et de se mourir à quinze ans. »

Quand il parlait ainsi, il n'y avait qu'à se taire et espérer encore qu'il se parle tout haut, car, chagrin ou heureux, il disait les choses comme on aimerait savoir les dire.

Cet après-midi je suis allée chercher le courrier. Jacques aime bien ce jour-là. On dirait qu'il attend quelque chose qui ne veut pas venir.

Aujourd'hui je pose la liasse de lettres sur son bureau : « Ce ne sont que des éditeurs », dis-je, en le laissant se rendre compte.

Après un moment : « Tiens, lis ça. » Et il me tendit une lettre tout en me dévoilant son contenu. « Il y a encore tout ça. Tu liras, tu me diras ce que tu en penses. Tu ne lis jamais rien. Assieds-toi près de moi. » Je lis en diagonale quand il s'agit d'engueulades.

« Les bonnes nouvelles sont rares. Pourquoi ne m'annonce-t-on jamais de bonnes nouvelles ? Dans tout le courrier que nous avons trouvé en rentrant, il y avait quand même quelques lettres gentilles. J'y ai répondu d'ailleurs ! Les autres m'engueulent.

« Tu as remarqué que ce sont toujours des femmes. Dis-toi bien que lorsqu'il y a une lettre d'engueulade, c'est toujours une femme et en général de Marseille, ou alors plusieurs hommes. Les hommes font ça en groupe. Allez viens, on va se tremper dans l'eau, j'en ai ma claque pour aujourd'hui. »

On se baigne quand on entend des pas dans l'allée. On nage doucement vers les hibiscus qui nous protègent des regards des passants.

« C'est sûrement Pierre, dit Jacques, je sens que c'est son tour.

– C'est Pierre, tu as gagné.

– On était justement en train de parler de toi, tu n'as pas entendu ?

– Non.

– Viens, prends un maillot sur la chaise. »

On se dit bonjour dans l'eau.

« C'est mon dernier vol sur les Marquises, dit Pierre. J'ai donné ma démission et j'ai apporté une bouteille de champagne pour fêter ça.

– Quand pars-tu ?

– Le 31 mars. J'ai donné ma démission le 31 décembre et je pars le 31 mars. Logique !

– Je ne connais qu'un autre gars qui a donné sa démission un 31 décembre, c'est moi. Je suis parti le 1er juin. C'était à l'usine et comme c'était la famille, ils m'ont demandé d'attendre le 1er juin. Et comme je n'aime pas les éclats, j'ai attendu. »

Nous dînons simplement, Pierre nous raconte ses projets. Il va partir en bateau avec sa femme et ses deux enfants. On parle un peu bateau, on remonte le temps des préparatifs à Anvers, mais cela ne nous fait pas envie. On est bien aux Marquises, « on est en paix », dit Jacques. Et quand il le dit c'est comme s'il faisait le vœu que la terre entière soit en paix aussi. Ça vient toujours de très loin.

Pierre craint que son fils n'ait peur en bateau.

« Il faut le violer. Donne-lui des responsabilités. Dis-lui que s'il ne fait pas les choses vous allez tous mourir. Il faut que les enfants soient à côté de toi et non pas sous toi. Il ne faut pas protéger les enfants.

– C'est tellement contraire à tout ce qu'on leur apprend.

– Je crois qu'on a tort. »

L'air est doux, on parle en amitié, quand Pierre nous dit : « J'aime bien venir chez vous. Quand je rentre à Papeete, je suis regonflé pour six mois.

– C'est gentil, on te remercie. »

Sa déclaration nous a un peu pris de court et nous sommes tout émus.

« Viens voir mon orgue, avant de partir. »

Et Jacques nous entraîne à le suivre dans son bureau. Il lui montre toutes les combinaisons possibles. Avec ou sans flûte, avec ou sans violon. Bossa-nova, tango. Il lui manque le charleston. Jacques improvise comme à son habitude.

L'air est léger ce soir-là. Pierre prend congé. On se reverra, c'est promis.

« Et si on allait prendre un dernier bain ? La piscine est si jolie ce soir, tout en dentelle de lune et en ombres chinoises. Sais-tu qu'il fait bon vivre ?... »

On écoute le silence du village et le clapotis de l'eau causé par nos corps en mouvement.

« Quelle paix, ma Doudou, le monde devrait ressembler à cela. Allez viens, on va dormir. »

« Tu noteras, au sujet de cet homme dont nous avons parlé qui ne veut rien risquer dans sa vie : " Il a cinquante ans et il ne sait pas de quoi. Et n'étant rien jamais, il l'était depuis longtemps. " Tu n'oublieras pas ? »

Et à propos du talent :

« Le talent c'est du travail qui ne se voit pas. »

« Les femmes sont jalouses et les hommes sont étroits. C'est difficile d'aimer tout ça. »

Aujourd'hui c'est jour de goélette, le monde marquisien s'arrête pour vivre les heures de déchargement du bateau. Nous vivons aussi à ce rythme-là.

C'est un peu la pochette-surprise, on n'est pas toujours averti des expéditions, et on découvre sur la liste du subrécargue la nature et le nombre de colis que l'on a à bord. Quand ils y sont ! Et on est là sur le quai à attendre. Il serait bien trop facile d'avoir le tout en même temps !

Jacques ne peut plus subir ces attentes et je vais seule au quai avec notre homme de maison. Jacques ne supporte pas mon absence trop longtemps, aussi vais-je le tenir au courant des déchargements le plus souvent possible.

La moto est arrivée et il a voulu que nous l'essayions. Un tronc d'arbre et c'est la chute. J'ai le genou bien écorché et Jacques une éraflure. Mais l'effort qu'il a fait pour retenir la moto le laisse meurtri. Et puis il se sent de plus en plus épuisé.

Ce soir, le corps lourd, il me dit : « J'ai le droit de mourir, n'est-ce-pas, ma Doudou ? »

J'allume la radio et l'on entend : « Il peut pleuvoir sur les trottoirs... »

« C'est long d'avoir vingt-quatre ans, dit Jacques. »

Désormais, la maladie ne cessait de se faufiler entre nous deux.

Jacques portait son corps inconfortable et lourd, mais pourtant ne manquait pas une occasion de rire.

On se réjouissait d'entendre les oiseaux qui avaient l'air de se multiplier ces temps-ci. Les oiseaux ont été décimés par les merles des Moluques qu'un curé avait importés dans le temps pour manger les guêpes. Les spécimens avaient tout mangé, sauf les guêpes et depuis il n'y a pratiquement plus d'oiseaux aux Marquises. Il y a quelques grands ducs, eux aussi introduits récemment. La nuit, quand on remonte la rivière pour piquer les chevrettes, leur hululement laisse courir un frisson dans le dos des piqueurs.

« Tu sais, je ne vais plus vivre longtemps. La vie ne veut pas de moi. Tu me promets de faire tout ce que je dis.

« Si les gens savaient comme il est bon de ne pas souffrir, ils seraient sûrement plus gentils.

« Donne-moi le bras, ne me lâche pas. Je n'ai plus que toi au monde. Je t'aime de plus en plus.

« Dessine-moi notre maison. J'ai tant envie d'une maison avec toi. Je t'ai dit : " viens " et tu es venue. Je t'en remercie. Tu es la première femme que j'emmène.

« Je t'ennuie avec mes états de santé.

– Non tu ne m'ennuies pas.

– Je fais ce que je peux. »

Le vieux monsieur est en vacances
L'hôtel était presque confortable
L'été était presque l'été
Sa femme était insupportable
Ses enfants étaient insupportables
D'ailleurs ils étaient insupportés
Il se reposait de son manque de chance
Le vieux monsieur est en vacances.

« Je vais me faire des souvenirs, c'est la première fois que je n'ai pas mal depuis longtemps. J'avais oublié. »

« Aujourd'hui, jour anniversaire de Brel, note que nous avons enfin un terrain, note que c'est magnifique, que c'est une île sur une île et que nous avons 360° de vue et que nous sommes les plus heureux. J'ai quarante-neuf ans alors je te donne quarante-neuf baisers. Nous allons enfin avoir une maison. Ce sera ma première maison. Tu imagines cela ! »

Il n'avait pas un disque de lui, pas une photo de scène. Quand il a fallu mettre *J'arrive* en introduction du film *Le Far West*, on a couru en acheter un. Il ne tenait à rien, ne possédait rien et n'en avait aucun regret.

De son enfance, il gardait précieusement un portrait de Mozart à l'âge de douze ans peint par Helbing.

Il partait en laissant tout, même sa brosse à dents. « Il y a tellement de pharmacies où on peut en acheter ! »

Il voulait faire brûler son corps.

Aujourd'hui, il demandait la résidence à vie en Polynésie. Il voulait y bâtir une maison. Il voulait en faire sa dernière demeure.

Il avait fini de vivre dans sa valise, entre ses vêtements en boule de balise.

Avec un petit regret au ventre, il prononce : « Pourquoi es-tu venue si tard ? Où étais-tu ? »

Quand il se sent mieux, il est plein de projets. Il parle ce matin d'aller larguer le courrier sur Fatu-Hiva, cette île tout au sud de l'archipel qui est encore plus oubliée que Ua-Pou. « Ça m'excite beaucoup. Il faudrait arriver par la montagne et envoyer les sacs avec des fumigènes par les fenêtres de secours. J'aimerais bien faire ça. Ça n'a jamais été fait. »

« Je ne veux pas finir, je veux débuter, toujours débuter. Mourir en débutant, c'est toute la vie. »

« Je suis au moment où je me demande si je joue à l'intellectuel ou si je plante mes fleurs.

« De toute façon, si je dois écrire, ce n'est plus sous forme de chanson, ce n'est plus possible. »

Il parlait aussi de cette façon-là, le jour où une femme se plaignait trop.

« Tu vois ma belle, tout ce que tu me dis là sont des maladies de luxe et le bonheur n'est pas là.

« Tu as choisi d'avoir un homme et des enfants, alors, il faut que tu assumes le coup.

« La Doudou a choisi d'avoir un homme et pas d'enfants et nous ne sommes pas mariés, nous sommes heureux et elle a raison. Tu dis que ce n'est pas amusant de vivre à Tahiti, d'aller chaque année en France. Pourquoi le fais-tu ? Pour tes enfants. Ce n'est pas vrai. C'est pour toi, et il faut que tu le saches. Il faut opter un jour ou l'autre pour une façon de vivre et toi tu ne sais pas ce que tu veux.

« Notre bonheur nous le faisons chaque jour.

« Moi j'ai des enfants et même des petits-enfants depuis une semaine ; eh bien ! la meilleure chose que je puisse faire pour ces gens-là c'est de ne pas les voir. Nous ne regardons pas les mêmes choses et je les perturbe quand je les vois et ils mettent six mois à s'en remettre. Mes enfants ne me manquent pas du tout. Nous ne sommes pas de la même race.

« J'ai choisi et toi tu dois choisir et c'est toi seule qui peux le faire. Si tu es malheureuse, ce n'est que de ta faute. »

Plus tard je lui dis :

– Tu as dû l'effrayer, quand tu as un débit comme ça, ça fait comme des coups de poing.

– Mais quand vont-ils tenter une toute petite fois de n'être pas que spectateurs ? Il faut faire les choses, Got ! »

« Qu'est-ce qu'il pleut ! C'est la mer du Nord ! »

Parlant avec l'accent belge, d'une drôle de façon : « Quand j'étais petit, c'était comme ça en été. Mes parents louaient un deux-pièces. Il y avait tellement de vent sur la plage qu'avant d'arriver à la mer, nous avions des grosses plaques de sable qui se collaient au corps et faisaient des croûtes. Nous entrions dans l'eau et faisions six cents mètres pour retourner à l'hôtel, gelant de froid. On nous mettait un gros linge, et dès le deuxième jour nous étions enrhumés. Ce qui nous permettait de finir les vacances devant le gros poêle. Nous descendions chercher la soupe. Ça se faisait beaucoup en Belgique. C'étaient les précurseurs des traiteurs. »

« Mimine a trois petits : Waterloo, Waterloo et Morne Plaine. Et les prochains seront la suite. On fera tout le poème comme ça. »

Aldo Moro est mort.
Mais où vont les hommes ?
Je suis atterré, l'Italie est en guerre.

« Je t'ai appelée, où étais-tu ?

– En train d'écrire dans mon faré.

– Je ne vais pas bien, je n'arrivais pas à me lever. Je vais prendre de la pénicilline pendant quatre jours et on verra bien. Il n'est pas encore temps de se tirer une balle dans la tête. Ce n'est pourtant pas l'envie qui m'en manque. La vie ne veut pas. Parfois je voudrais être mort. Il y a des moments où cela serait plus doux, mais j'ai encore envie de te faire rire ma petite femme, je ne suis pas gai pour toi en ce moment et cela m'ennuie. Où est ma vie ? Où est ta vie, ma Doudou ? J'ai mal, je me sens partir. »

« Si cela s'aggrave, tu ne préviens personne. Je te l'interdis. Madou, c'est tout, pour qu'elle n'ait pas peur. Qu'elle ne dise rien surtout et tu insistes. Tu promets ? »

« C'est humiliant d'être malade. »

7 juillet, vol sur Ua-Pou.

Une femme me demande : « Vous pourrez me ramener le 5 octobre avec mon bébé ? » Elle allait accoucher à Papeete. Je réponds : « Je ne sais pas. »

Le 7 juillet sera notre dernier vol sur Ua-Pou.

« Tu entends ma poitrine ?

– Oui, cette nuit je l'ai remarqué.

– On dirait qu'il y a un mec qui passe une audition. »

« Pour que je ne vole pas, il faut vraiment que ça n'aille pas fort. »

Jacques ne va pas bien. Mimine le sait et depuis quelque temps elle ne veut pas quitter notre chambre. Elle veut dormir là sur les affaires de Jacques. Nous avons remarqué que depuis un moment, elle s'applique à aimer ma chatte Dimanche alors qu'elle en avait une belle haine.

Elle s'occupe des petits de Dimanche comme le ferait une tante ou une grand-mère, elle les détestait pourtant, les empêchant de manger dans la même gamelle qu'elle.

Et la voilà paisible à lécher Dimanche qui se laisse faire, la voilà bougeant sa queue pour que les petits s'amusent.

Nous les regardons...

« Tu as vu ce qui m'est arrivé ?

– Oui, tu étais tout rouge.

– Pendant un instant je n'ai plus rien vu, plus rien entendu. Je crois que je viens d'avoir une attaque.

– Qu'est-ce qui s'est passé ?

– Je ne sais plus. C'était comme un robinet qui se fermait. J'ai vu rouge et je n'ai plus rien entendu. »

« " Le Taote [1] " veut me voir, lui dis-je. Je ne veux pas y aller. Il m'ennuie.

– Si, va. Tu sauras ce qu'il veut te dire derrière moi. Il va te dire que j'ai une tumeur. Il trouve ça plus malin de te le dire à toi. »

« Serre-moi fort la Doudou et donne-moi un whisky et toi aussi prends un whisky.

– Veux-tu me faire plaisir ? Allons en Suisse.

– Je vais réfléchir ce soir si tu veux. Mais si c'est le cancer, on n'y peut rien.

– Tu n'en sais rien. Allons en Suisse.

– Si tu souris, je te promets d'y réfléchir sérieusement. »

« Ne me quitte pas, ma Doudou. Ne me laisse pas seul. J'ai des angoisses quand je ne te vois plus.

« Mon tendre amour, je t'aime tant. J'aurais tellement voulu ne te donner que du bonheur. Je t'aime tant.

---

1. Médecin.

– Il faut te sortir de là et c'est moi et c'est toi qui allons te sortir de là.

– Tu ne vas pas t'amuser. Tu tiens le coup ? Va téléphoner pour commander l'avion. On va partir. C'est la débandade. Je suis désolé.

– Ne t'inquiète pas, laisse-moi faire. »

Il écrivait à Madou il y a à peine un mois : « ... Ici cela va, la saison des pluies commence. J'écoute fleurir mes rêves et n'ai pas l'envie de bouger. » Et c'était la débandade aujourd'hui.

« C'est la dernière fois que je vois les Marquises. C'est quand même beau. On aurait été bien dans notre maison. »

Nous survolons Atuona et la piscine bleue nous donne le repère de la maison.

Jacques laisse couler une larme. Moi je m'efforce de ne pas pleurer mais ma poitrine a comme des ratés et trahit mon émoi.

La radio ordinaire ne laisse rien paraître.

Aujourd'hui c'est le résultat de la tomographie. Résultat vérité. Jacques est depuis un moment dans le cabinet du radiologue. Je commence à trouver le temps long. Je sens qu'il se passe quelque chose.

Le médecin, que nous avions fait venir à l'hôtel Tahiti le premier soir, me demande de le suivre.

« Doudou, viens dans mon bureau.

– Ça ne va pas ?

– Mauvaise nouvelle. On a trouvé un ganglion.

– Où ce ganglion ?

– Au milieu de la poitrine.

– Qu'est-ce qu'on peut faire ?

– Du cobalt.

– Et ça lui donne quoi ?

– On peut l'assécher ; ça lui donnera un répit.

– Il ne faut pas que je pleure.

– Non, il a besoin de toi. Va le voir. »

J'entends le radiologue qui annonce ma venue à Jacques.

« Est-ce qu'elle sait ? » dit Jacques.

Je hurle plus que je ne dis de derrière la cloison :

« Oui.

– Ça va aller mieux, ça va aller mieux, dit Jacques en m'accueillant dans ses bras. Tu sais, j'ai flanché. Excuse-moi.

– C'est normal, tu es épuisé.

– Tu n'as pas de chance, ma Doudou. »

Et nous sommes devenus deux enfants perdus.

« Le radiologue a été très gentil, il faut le remercier », dit Jacques et je fis : « Merci monsieur. » Comme quand on est petit et qu'on vous dit sois polie, dis merci au monsieur.

« On a deux mois, peut-être quatre. On peut encore rire en deux mois. »

Nous sommes rentrés à l'hôtel, il fallait s'organiser. Il fallait tenter notre chance.

« Tu es belle. J'ai de la chance, on s'aime tant. Je t'aime tant et tant. Ma Doudou je t'aime, je t'aime.

« Tu sais ce que c'est que d'aimer ?

– Oui, je crois.

– C'est ne plus être. Je peux le dire maintenant. Je t'aime et j'ai été heureux avec toi et je ne serai plus jamais aussi heureux. Tu tiens le coup ? Tu feras ce qu'il faut, tu me l'as promis. N'oublie pas.

– J'aurais préféré mourir avec toi.

– Non, tu n'as pas le droit de mourir. Tu es trop jeune. Il ne faut pas me faire cela, la Doudou. Si tu m'aimes, il faut rester. Je sais que tu vas me manquer mais il faut rester, il faut encore essayer. »

C'est à ce moment-là que le professeur Israël entra dans notre vie, amené par notre ami Henri Revil qui était directeur de la Santé à Papeete.

Jacques fut séduit par le professeur et décida de tenter le traitement qu'il lui proposait.

Il fallait aller vite maintenant. Jacques m'avait fait dresser la liste de tous ceux qui avaient été gentils avec nous et il se mit en devoir de les voir chacun à leur tour, refusant d'annuler quand son état empirait.

Et la déroute continue. Pourquoi devons-nous partir aujourd'hui ? Pourquoi ne part-elle pas demain ? Nous voilà subissant les photographes d'une princesse en partance à l'aéroport de Faaa, Tahiti.

On essaie de sourire, non pas aux photographes, mais à nos amis.

Ils me disent : « Ramène-le-nous. »

Je pense « pas trop vite », car j'ai mission de le ramener de toute façon. Et pour moi, rester en Europe signifie qu'il y a survie.

Et la débâcle de Paris.

Et le frère faisant des déclarations à la presse. Jacques sur son lit de clinique faisait des bonds d'ennui.

Il fallait tricher maintenant, faire croire que l'on était ailleurs. Il fallait arrêter le désastre. « Ça commence, disait-il, ça commence ! Il n'est pourtant pas difficile de dire, je ne sais rien, surtout quand on ne sait rien. Dis-moi, est-ce si difficile ? »

Il n'était pas suffisant de supporter les longues journées de clinique, il allait falloir encore endurer toutes ces contrariétés. On ne peut pas dire qu'il a pu se soigner dans le calme qu'il était en droit d'espérer. Tout comme lui, je ne veux pas l'oublier.

« Il y a des jours où on ne peut pas s'empêcher de penser. Je ne veux pas être dupe de tout cela, tu comprends ? Pour le moment on a décidé de faire tout ce qu'ils nous diront. On va donc être bien sage et on va leur obéir. Mais il faut savoir qu'on n'en a plus pour longtemps.

« J'aimerais bien voir Lino. Je veux le voir pendant que je suis encore un peu bien. Je n'aimerais pas lui faire peur. Tu veux bien ?

– Tu as beaucoup de courage.

– Tu crois ?

– Oui, je crois. Tu encaisses fort bien.

– Cela fait quatre ans que mes nerfs sont à rude épreuve et toi aussi. Je ne suis pas trop immobile ?

– Non.

– J'ai besoin de toi tu sais. Je suis très heureux et nous allons encore l'être. J'aime quand tu me parles un peu. Je ne suis pas tout seul. La journée, cela va à peu près. Même moi, qui suis couché, je trouve des choses à penser, mais les nuits, c'est dur, c'est très dur.

– J'ai envie du jour où nous allons sortir d'ici et faire semblant de vivre comme si nous n'avions pas d'échéance. Un peu normalement.

– Tu as envie de cela ? Il faut le dire. J'aime quand tu me parles. Si tu as envie de cela, je ferai l'effort pour le faire.

« Nous allons faire tout ce qu'ils disent mais nous n'en tiendrons aucun compte. Nous nous sommes remis à eux et nous devons continuer. Mais il ne faut rien espérer. Ici c'est un peu la prison à cause des journalistes qui sont dehors, mais en sortant d'ici, nous louerons une villa avec un cuisinier, chauffeur et garde-malade pour une première urgence. J'écrirai mon livre, tu seras à côté de moi. Je t'ai dit le sujet du livre ?

– Oui.

– Le titre serait *Comment écrire une chanson.* Mais je ne parlerai jamais ni de musique, ni de music-hall, ni de chansons. Ce serait une dizaine de nouvelles d'après ma vie, des choses que j'ai faites. Ce serait la vie. Toutes ces chansons, on ne peut les écrire qu'en vivant.

« Ça t'amuserait que j'écrive ?

– Oui. »

Nous voulions croire que nous n'avions pas terminé notre bouteille de bon vin, nous approchions peut-être de la lie, mais nous avions encore quelques bonnes gorgées.

C'était le sentiment que nous donnaient les visites au professeur Israël. Jacques me regardait pendant que le professeur consultait son dossier et me faisait des clins d'œil complices. « Peut-être qu'on rira encore un peu... »

Mais par précaution, il voulut faire des photos de nous deux. « J'aimerais que nous fassions des photos de nous deux, pour que tu me gardes encore un peu. Laisse-moi te regarder, je sais que tu vas me manquer. Nous ne devons pas être tristes, car chaque jour à deux est un bonheur et demain on s'aimera encore plus, alors c'est la joie.

« Si tous les hommes de la terre se tenaient le cœur, ils ne t'aimeraient pas plus que moi.

« Je suis heureux, c'est peut-être idiot de dire cela ici, mais je suis heureux et c'est à cause de toi.

« On s'aime et ce n'est rien de le dire. »

Jacques éprouve le besoin de respirer un peu à l'extérieur de cette clinique; c'est alors que nous nous retrouvons en permission chez Pascal Jardin.

En le quittant, Jacques me dit : « J'aime cet homme, il m'émeut. Il a une folie que j'aime bien... Je suis inquiet pour lui... »

Quand il chantait, il ne se préoccupait pas de ce qui se faisait. Après il n'a pas eu le temps. Mais aux Marquises, les choses nous arrivaient plus calmement et les mots sonnaient différemment, si loin de la France. Je veux dire surtout, lorsqu'on est loin de la France, on fait beaucoup plus attention à ce qui est français. On remarque la qualité des émissions, la variété des émissions. Malheureusement on n'entend bien la France qu'en France.

Au hasard nous arrivaient des bribes de la jeune variété française et son esprit curieux le poussait à vouloir en savoir plus sur cette nouvelle génération, et il imaginait déjà de nous organiser quelques causeries.

Il se voyait très bien, comme nous avions nos jeudis aux Marquises, avoir des mercredis ou des vendredis où il inviterait quelques jeunes qui lui parleraient un peu de leurs envies.

C'est important de savoir ce que les gens ont dans le ventre. S'ils ne le savent pas bien, et cela peut arriver, on peut le leur faire découvrir, ou s'ils le savent, on peut, si cela nous chante, faire un bout de route ensemble.

C'était le programme pour l'après-clinique.

Comme il le disait : il est parti pour ne pas changer, et il n'avait pas changé dans son point de vue vers l'extérieur. Je crois qu'à travers tout ce qu'il a pu me dire c'est son comportement intime qui a changé.

Je veux dire que même son attitude vis-à-vis des copains ou amis est plus concrète.

Je me suis laissé dire qu'après une fréquentation de plusieurs années, c'était à ce retour des Marquises la première fois que l'on touchait vraiment Jacques.

Ce n'était plus le Brel des après-galas, des whiskies du petit matin et des déclarations outrancières qui auraient bien eu du mal à résister au soleil de midi.

Il disait dans l'une de ses lettres : «Je crois avoir changé, être plus tranquille, plus détendu... »

C'était cela en fait.

Parce qu'il l'a dit calmement sans se forcer, sans être bousculé, sans vouloir paraître.

« Tu me sais mieux que personne. »

Grâce à sa force communicative, nous apprenions à vivre nos épreuves. La maladie était une nouvelle aventure dont nous étions les héros.

Il m'aidait à aborder son après-mort. J'avais, me disait-il, une foule de choses à faire pour lui. Et quelques gifles à donner à ceux qui l'avaient trahi ou déçu.

Cela nous permettait de rire. Il me disait : « Tu ouvres la porte, tu dis : bonjour monsieur, tu le gifles et tu t'en vas. C'est drôle, non ? »

On riait à imaginer leur tête, alors pour un instant on oubliait ses chagrins.

«Je veux encore continuer à vivre à travers toi pour un moment encore. Au lieu d'être deux, je serais dedans. Tu veux bien ? »

Dans un lieu de soins, il y a toujours des infirmières qui vous séduisent plus ou moins. Une d'entre elles nous amusait beaucoup.

«Je m'en vais en vacances et je viens vous dire au revoir.

– C'est gentil, asseyez-vous.

– Je crois que vous serez sorti quand je reviendrai. Je peux vous poser une question ?

– Oui, bien sûr.

– Pensez-vous qu'il est mieux de savoir sa maladie ou pas ?

– Je crois qu'il est mieux de le savoir et qu'il faut que le couple le sache. Si c'est l'un des deux, c'est idiot et pénible. Quand la famille le sait aux dépens du malade, on est traité comme un enfant et on ne sait pas pourquoi et c'est grotesque.

« Si vous le savez et que votre femme ne le sait pas, c'est difficile aussi. Évidemment, il faut avoir une femme qui tient le coup. Avec " lui " nous vivons depuis quatre ans et nous rions beaucoup.

– C'est vrai que vous riez beaucoup.

– Il y a des amis à qui il ne faut pas le dire, car on leur charge la vie, c'est quand même lourd à porter, fis-je.

– Tu as certainement raison, il y a probablement des personnes qui s'effondreraient. En tout cas moi je l'ai pris de la seule façon dont il faut le prendre. Je refuse de parler de ça tristement. Quand on m'en parle gravement, je réponds : " Je vis encore. "

« Évidemment, la première fois qu'on me l'a dit, j'ai pris un coup et la deuxième fois aussi. Qui ne le prendrait pas ? Mais ensuite il faut vivre et moi je vis.

« Ce dont je suis le plus fier, enfin une des choses dont je suis le plus fier, c'est d'avoir traversé l'Atlantique avec ma femme cinq semaines après l'opération. J'avais tout le côté gauche bloqué. Je marchais péniblement sur le pont, elle me tenait pour que je ne tombe pas. Nous avons réparé la balancine tous les deux, elle me tenait et avec la force qui me restait, je vissais les écrous de serre-câble, en maintenant la balancine entre mes dents. C'est une chose qu'on ne peut pas oublier. Nous étions accrochés tous les deux au pied du grand mât, avec la mer qui battait le bateau, et cette balancine entre les dents et ma femme qui me tenait... On a fait des choses ensemble. Une autre fois, l'équipier d'occasion se laisse surprendre par un coup de vent, le bateau était surtoilé, nous avons juste eu le emps d'agripper la barre pour redresser le bateau et l'empêcher d'empanner et de se casser. Il y avait quarante nœuds de vent...

– Vous avez l'air de bien réagir.

– Vous êtes d'où ?... d'Angleterre ? fit-il comme pour prendre un temps.

– Américaine.

– Oui... Vous avez dû voir beaucoup de maladies graves, il n'y a pas que le cancer. Croyez-vous que ceux qui ont refusé la mort ne sont pas morts ? Moi, je crois qu'il y a des maladies qui font plus mal que d'autres.

« En fait, je ne regarde pas la maladie, c'est plutôt le problème de mort. Il y a une différence entre la souffrance et la mort. La mort si un jour on vous dit qu'elle est là, que vous êtes arrivé, il me semble qu'il vaut mieux prendre ça sereinement. Se dire : “ Je ne vais plus être vivant. ” Mais la souffrance est tout à fait différente.

« Vous allez de sang-froid vous faire opérer d'une maladie grave, et puis vous vous réveillez avec des douleurs qui dépassent totalement le sang-froid et le courage que vous pouvez avoir. Alors bien sûr, ça c'est un autre problème.

« Je crois que l'on décide d'aller vers la mort quand on est encore lucide. Il est évident qu'un type que l'on anesthésie relativement à la douleur perd une partie de sa lucidité. Le choix, l'option que l'on fait sur l'acceptation de la mort, se fait dans les tout premiers jours de la condamnation. Parce que dans les tout premiers jours on n'est pas soigné. Il y a un temps où l'on vous dit : “ Écoutez, monsieur, vous avez ça et la science ne peut rien. ” Et c'est à ce moment-là, et ce n'est qu'à ce moment-là, qu'on peut avoir un jugement en disant : “ Ma vie s'arrête. J'ai eu une vie pas glorieuse, mais intéressante. J'ai fait ça, j'ai fait ci, ou j'ai pas fait ci. Je meurs. Ça me paraît abominable. Je suis terrorisé. Ça me paraît venir en un temps à peu près approprié. ” On se dit des choses comme ça. L'ennuyeux ça doit être le type qui dit : “ Je n'ai rien fait. Ça allait commencer, ça allait débuter. ” Mais si on se dit que sa vie a été multiple, noble, je crois que ça va.

« Après ce stade, on entre dans un cycle de médicaments et on finit par ressembler à un pot de chambre, ou un pot de Valium. Ce n'est pas impossible. Donc cette détermination, cette obligation morale, cette résolution qu'on a à prendre, d'accepter la mort, se prend tout à fait au début.

« Moi je dis que je n'ai pas à me plaindre, je n'ai pas à me tordre, peut-être de douleur, mais je n'ai pas à me tordre de honte ni de jalousie. Et c'est une chose que j'ai décidée depuis un petit temps déjà, et on ne peut le faire qu'en pleine lucidité. Après on n'a plus son libre arbitre.

« Quelqu'un m'a dit pour me donner un espoir : “ Vous savez, peut-être que dans six mois... ” J'ai dit : “ Écoutez, cela fait cinquante ans que je manipule mes rêves, il ne faut pas me dire des choses comme ça. " Et c'est vrai, l'espoir est une chose à laquelle je ne crois pas. Le temps que l'on passc à cspérer, il ne se produit rien. L'espoir est l'ennemi de l'homme. Je dis souvent : " Tout vient trop tard à qui sait attendre. "

« Moi, je crois qu'il faut savoir qu'on va mourir et s'en faire une raison ; il sera bien temps de s'effondrer au moment où le physique s'effondrera.

« Puis c'est une perte d'énergie imbécile que de refuser la mort.

« Il y a certaines choses devant lesquelles on ne peut pas lutter. Si seulement je pouvais faire comprendre à un seul type que c'est beaucoup mieux d'accepter la chose en étant lucide que de se cacher derrière un arbre. Je veux bien essayer. Je crois que ce type serait mieux. Je le crois. En tout cas je suis mieux comme ça, avec mon caractère. Vous avez dû en voir des types qui ont réagi comme moi ? Ce n'est pas glorieux, je crois que c'est la seule façon d'aborder le problème.

– Oui, vous avez raison. Il y a un type qui, le sachant, s'était organisé. Il avait demandé à ce qu'on lui épargne la déchéance, ça c'est une chose triste de voir partir quelqu'un en... Comment vous dites ?

– En déconfiture...

– Oui, excusez-moi...

– La confiture c'est pour les tartines.... », fit-il en riant à pleines dents.

Me désignant, Jacques lui dit : « Je lui ai demandé de faire le nécessaire si elle voyait que je souffrais trop et pour rien. Si je ne suis pas lucide je ne pourrai pas le faire. Non mais cela dit, si je vis un tout petit peu, je veux bien dire aux gens qu'il vaut mieux prendre cela sereinement.

« Et je veux bien participer à une campagne anti-tabac. Je veux bien y laisser une partie de mon énergie si cela peut aider un tant soit peu à leur faire prendre conscience qu'il y va de leur vie. Je le sais trop bien maintenant et j'aimerais que cela serve.

« À la radio, en voyant mes poumons, on a donné mon âge à très peu d'années près et le nombre de cigarettes par jour. Cela m'a impressionné.

– Vous posez des questions sur tout. C'est rare. La plupart des gens refusent d'en savoir plus.

– Ça découle toujours du même refus. Moi je veux comprendre. Je suis un esprit curieux. Je ne veux pas me faire manipuler sans savoir ce que l'on me fait et vous pouvez lui demander, il en est de même pour tout.

« Quand je rencontre un maçon, cela m'intéresse de savoir comment il s'y prend et je ne vois pas pourquoi je ne le ferais pas quand il s'agit de mon corps. Parce que c'est encore mon corps et j'ai le droit et le devoir de savoir ce qu'on y fait.

« Je veux comprendre en tout cas ce qu'on veut bien m'expliquer, dans la mesure de leurs connaissances. La médecine ne sait pas tout. Elle ne comprend qu'une petite partie des choses qui nous arrivent.

« Mais quand je descends au scanner, je veux comprendre comment ça marche. Je suis curieux et conscient. Je ne veux pas les embêter du tout, mais je ne veux pas me faire ballotter comme un sac de pommes de terre.

« Le métier de médecin n'est pas facile. J'avais toujours dit que j'apprendrais le latin et la médecine à cinquante ans. Mais je crois que je vais être pris par des occupations moins primesautières. La médecine est facile quand la maladie n'existe pas.

« Dès qu'une maladie est sérieuse c'est un sacré métier. C'est effroyable d'être médecin.

« Je vous vois là, toutes, vous êtes très gentilles et les toubibs aussi d'ailleurs. Ils viennent, ils discutent. Mais vous savez votre impuissance, n'est-ce pas ? Je pose des questions, je sais bien qu'on ne peut pas toujours me répondre. Vous faites ce que vous pouvez. Quand c'est grave, le médecin sait son impuissance et il se trouve devant quelqu'un dont il a la charge, qui va dépérir devant lui et malgré lui. Donc à ce moment-là, il a une très grande gentillesse devant cette chose.

« Le malade, lui, très souvent dans les maladies graves, importantes, ne sait rien. Il y a des cas où le malade sait, mais il ne sait jamais tout, on peut lui mentir sur certains points de détail. Le malade sent plus qu'il ne sait. Et c'est à la gentillesse des médecins et des gens qui entourent les médecins qu'il sait à quel point il est malade.

« On ne vous reproche rien. On vous engueule pour avoir mangé du caramel sur votre plombage qui n'était pas sec, parce qu'on n'en meurt pas, mais on ne vous engueule pas pour une maladie où vous laissez votre peau. Il ne faut pas en profiter, bien sûr, mais c'est à ce côté attentif, à tout cela, que l'on sait son degré de maladie. J'ai le sentiment que par moments ce que le médecin ne peut pas faire avec la science, il le compense avec le cœur.

– Uhum! yes!

– Et il doit y avoir ce sentiment de " ce n'est pas juste ". Ce n'est pas juste à tous les égards, parce que de voir dégringoler quelqu'un, de le voir se décomposer, ça n'est pas tout à fait juste, même si on ne l'aime pas. Et être soi-même spécialiste en quelque chose pour soigner cette maladie, et ne pas y arriver, ce n'est pas juste non plus. Donc ils sont là devant cette double injustice et ils sont très embêtés.

« Le médecin apporte du respect et cela me touche.

« Je crois que si un médecin respecte son malade, il doit l'aider à bien mourir. Cela ne sert à rien de se traîner, de geindre. Elle est là, la tendresse du médecin. Il y a un moment où il doit arrêter la machine. Mourir sans souffrir, c'est le vieux rêve. Moi j'aimerais bien y arriver.

« Pour mourir, je dirai qu'il vaut mieux être lucide et apprécier chaque heure qui passe. Les heures qui se passent sans douleur, ce sont des heures formidables. J'avoue que de plus en plus, j'ai envie que les jours durent vingt-six heures. J'empêche ma femme de dormir et je m'en excuse à l'avance, mais j'ai l'impression de gaspiller mon temps à dormir et j'aime mieux que ces heures se passent en choses jolies, en rire, en tendresse. Dormir, je n'aurai bientôt plus que cela à faire. Vous comprenez, et je sais qu'elle le comprend.

« Je vais vous faire une confidence : je meurs mais je n'ai plus le regret de ne pas avoir connu l'amour. Cela a été mon dernier cadeau et si je le dis, ce n'est pas par fanfaronnade : " Je peux mourir ", comprenez-moi, cela ne veut pas dire que je suis content de mourir, je peux; voilà. J'aurai eu une belle vie.

– Vous m'avez dit que votre métier est pilote, n'est-ce pas?

– Oui... Puis je me suis amusé à faire des films.

– Ah bon!...

– Des films comme metteur en scène même.

– Et ça passe encore?

– Non, je ne crois pas.

– Ça ne fait rien, après je les verrai... Oh !... je suis idiote de dire ça.

– Non non non. C'est drôle. Il faut rire. Et c'est vrai que vous les verrez après. »

« La voie est libre ?

– Non, il y a encore des guetteurs.

– Ce ne sont pas des êtres humains. Ces gens-là se donnent priorité. J'en ai ma claque. Heureusement que tu es là, autrement je crois que je me laisserais mourir. »

« Viens, assieds-toi sur mon lit. On va parler un peu. Tu sais, toutes les nuits je vole. Je suis là-haut. Je refais des vols. Je me souviens de l'émission sur Lindbergh à laquelle j'avais participé, c'était pendant le tournage de *Mon Oncle Benjamin*. J'avais bien étudié mon sujet. Je savais plein de petites choses. J'étais fier. Par exemple, la puissance du moteur de Lindbergh. Ils ne le savaient pas.

« Veux-tu qu'on refasse le vol en jet ? Tu te souviens de l'arrivée sur Reykjavik avec ses toits rouges et verts ? C'était juste la bonne heure. Ce qui m'a le plus impressionné, c'est le plein à Wilmington. Manette des gaz... Moteur coupé ; pas le temps de finir de poser que l'essence était déjà dans les réservoirs...

« Cela fait quarante jours que nous sommes là. J'avoue que je marcherais bien un peu dehors, si ce n'était ces loustics.

« Installe-moi devant la fenêtre. Je prendrai le soleil ici, puisqu'ils ne veulent pas me foutre la paix.

« Hiva-Oa s'éloigne définitivement. C'est dommage, nous étions heureux là-bas et tranquilles et paisibles. Il va falloir nous refaire une vie. Nous sommes des bohémiens et cela ne nous fait pas peur. Nous nous serons fait des souvenirs ! »

Nous sommes à la veille de quitter la clinique avec le projet d'un traitement de dix-huit mois.

La mandarine coincée entre les deux poumons n'est plus qu'une noisette. Le résultat du cobalt est assez spectaculaire. Et nous nous laissons envahir par la joie.

On ira visiter des maisons, le Luberon, le Roussillon...

Et c'est la catastrophe. Le départ est manqué.

La liste des médicaments devient impressionnante. Jacques ne peut rien avaler, il croque tout. Il me fait goûter à chacun d'eux, pour que je sache à quel point ils sont mauvais.

Il fait l'effort d'organiser encore des sorties et nous allons chez Girardet à Crissey, et à Talloires. Il a encore le courage de vouloir faire la musique d'un petit film sur la voltige. Et ce sera, ce jour de visionnage, notre dernière sortie.

« Tu es mon meilleur médecin ; quand tu me tiens la main cela me fait du bien. Je n'ai plus mal et c'est tout ce que je demande.

« Je sais bien que je ne chanterai plus jamais, que je n'écrirai plus jamais, que je ne ferai plus jamais la cuisine. Je sais bien que je ne volerai plus. Je sais bien tout ça. Mais je suis heureux parce que tu es là. J'aurais pu mourir tout seul.

« Je finirai sous la tente à oxygène... »

« J'aurais aimé encore durer un peu, pour qu'on puisse rire encore. Nous deux c'est *Love Story*. Je t'aime tant et tu m'aimes, et me voilà malade.

« Tu sais, ce n'est pas toujours facile.

– Je sais combien tu as de courage et comme tu te bats.

– Tu le vois, tu le sais, je fais ce que je peux.

« Tu leur diras que j'ai fait ce que j'ai pu.

« Tu leur diras : il est mort par inadvertance.

« Tu te souviendras ?

– Garde le masque, mon amour. Il faut. Dors.

– Je ne peux pas. Quand je dors, je ne te vois pas et c'est triste. Raconte moi Hiva-Oa.

– Ne te tourne pas trop brusquement, tu vas débrancher ta perfusion.

– Pourquoi ?... Je t'aime... Je suis encore ton homme ?

– Oui.

– Je suis bien... ... ... »

Aux Marquises,
Mimine n'est pas revenue.

Il savait tout de la tendresse, mais rien de l'amour. On prit le temps de savoir s'aimer.

Il ne savait pas les arbres et les fleurs. Il aimait l'odeur du lilas sans trop savoir pourquoi.

Je lui disais : « Regarde cet arbre comme il est beau », et il répondait : « Je ne reconnais rien. » Et puis un jour, il se mit à les regarder et on ne pouvait rien planter sans qu'il ait décidé de l'emplacement.

Il aimait le piaillement des femmes aux cuisines, mais il n'aimait pas le cri des femmes étonnées.

Il aimait qu'on ait besoin de lui, pour servir un peu à quelque chose.

Je l'ai reconnu tout de suite, cet homme qui me tendait la main, me déposait son cœur. Je n'osais pas espérer qu'il vînt jusqu'à moi et je l'avais là, devant moi.

Quand on meurt, ce n'est que du corps. Il y a une sorte d'éternité qui plane sur notre amour, quoi qu'il puisse arriver en mes jours, je n'ai plus peur de vivre.

Postface

« Tu te souviendras de tout », m'avait dit Jacques. Après plus de vingt ans, je me rends compte que je n'ai pas eu à me souvenir. La vie est au présent. Le passé, c'est aussi le présent et le futur est déjà là. Il me suffit de vivre. J'ai dû apprendre à transformer le manque de sa présence physique en toucher spirituel. Lorsque Jacques a passé la porte de l'inconnu, j'avais accepté mon destin. Grâce à cela, tout un univers s'est ouvert à moi. Tout est vivant. Il n'y a pas de barrière entre l'un et l'autre monde. Il y a des espaces infinis où l'on peut se rejoindre. Convaincue que l'amour ne pouvait mourir, j'ai souvent fait appel au nôtre pour me soutenir dans l'épreuve et la légèreté qui s'insuffla en moi me donna le « Sentiment Dieu ». Cet amour n'était pas en dehors de moi, il était en moi. J'avais confié à Jacques que j'imaginais Dieu comme une force qui nous témoigne sans cesse sa présence, que l'on en soit conscient ou pas. Aujourd'hui, c'est une conscience permanente de cette présence en moi qui diffuse sa joie. Je n'aurais pu imaginer ce cheminement lorsque Jacques m'a dit : « Tu écriras notre histoire. » Cette histoire aura apporté tant de cadeaux à ma vie. Quand il parlait de faire réfléchir au moins une personne, je ne me sentais pas concernée. Je le suis désormais corps et âme. En me rappelant ses paroles, après avoir vécu auprès de lui, je me suis rendu compte à quel point elles étaient porteuses de son art de vivre. Il ne faisait pas semblant. Ce n'était peut-être pas facile d'aimer les hommes, comme il disait, mais il a réellement essayé.

La personnalité de Jacques m'a donné l'envie d'être vigilante, l'envie de comprendre la vie, de me connaître moi-même, l'envie d'être meilleure. L'envie de vivre avec les autres dans l'espace de ses mots d'amour. Je l'en remercie.

Maintenant je comprends que ma vie m'a offert l'amour pour témoigner de sa force spirituelle, pour le savoir indestructible et immortel.

Cet ouvrage a été réalisé par la
SOCIÉTÉ NOUVELLE FIRMIN-DIDOT
Mesnil-sur-l'Estrée
pour le compte des Éditions Fixot
24, avenue Marceau, 75008 Paris
en octobre 2003

Imprimé en France
Dépôt légal : mai 1999
N° d'édition : 44445/04 - N° d'impression : 65825